浙江省哲学社会科学重点研究基地浙江财经大学地方财政研究院研究成果

浙江省高校新型智库地方财政研究院智库成果

"社科赋能山区（海岛）县高质量发展行动"研究成果

The Road Towards
COMMON
PROSPERITY

From the Practice of Changshan in Zhejiang

共同富裕之路
浙江常山的实践

余丽生　等◎著

中国财经出版传媒集团

经济科学出版社
Economic Science Press

·北京·

课 题 组

课题组组长：余丽生　汪启红

课题组成员：胡　兰　华牡娟　张　洁
　　　　　　占泽英　潘毅帆　刘纡贝
　　　　　　吴昕怡　杨　民　郑深瑞
　　　　　　贾志轩　胡怡琳

前　言

党的二十大报告提出，"中国式现代化是全体人民共同富裕的现代化。共同富裕是中国特色社会主义的本质要求，也是一个长期的历史过程。我们坚持把实现人民对美好生活的向往作为现代化建设的出发点和落脚点，着力维护和促进社会公平正义，着力促进全体人民共同富裕，坚决防止两极分化"。并提出到 2035 年"全体人民共同富裕取得更为明显的实质性进展"，对共同富裕建设提出了明确的要求。共同富裕是社会主义的本质要求，是人民群众的共同期盼，而建设共同富裕的难点在农村，重点在经济相对落后地区。浙江省衢州市常山县是一个"八山半水分半田"的山区县，也是浙江省 26 个加快发展县之一。按照《中华人民共和国国民经济和社会发展第十四个五年规划和 2035年远景目标纲要》提出的"浙江高质量发展建设共同富裕示范区"要求，常山县委县政府和财政部门高度重视共同富裕建设，围绕高质量发展建设共同富裕的要求，重视财政职能作用的发挥，积极发挥市场在资源配置中的决定性作用和政府的重要作用，大力发展特色农业，积极做强生态工业基础，不断推进乡村振兴，共同富裕取得明显成就。2022 年，全县地区生产总值首次突破 200 亿元大关，达到 200.6 亿元，同比增长 4.1%；固定资产投资总量突破 100 亿元，增长 11.2%；全年实现财政总收入 265621 万元，比上年增长 7.2%，其中一般公共预算收入 166087 万元，增长 10.7%；全年公共财政预算支出 679353 万元，增长 10.4%，其中民生支出 466702 万元，增长 11.7%。全县农林牧渔业增加值 9.68 亿元，同比增长 6.5%，增幅位列衢州全市第一；全县城镇居民人均可支配收入 49442 元，同比增长 6.0%，增速排名全市第一，山区 26 县第二，全省第三；农村居民人均可支配收入 28996 元，增长 7.8%，排名全市第二，山区 26 县第九，全省第十三；低收入农户人均可支配收入 17326 元，增长 17.1%，排名全市第二，山区 26 县第七；村集体总收入 2.21 亿元，增长 35.64%，位列衢州全市第一，其中经营性收入 50 万元村占比 58.33%。常山县的发展受到越来越多的关注，成为山区县推进共同富裕发展的典范。

（一）

常山县位于浙江省西南部，金衢盆地西部，钱塘江上游，东邻衢江区，南靠江山市，西南与江西省玉山县交界，西北与开化县毗邻，东北部与杭州市淳安县相接。素有"四省通衢，两浙首站"之称，是钱江源生态、浙江"母亲河"生态平衡的重要屏障。全县总面积 1099 平方千米，下辖 3 个街道、6 个镇、5 个乡，共 180 个行政村，10 个社区，户籍总人口 33.79 万人。

常山地处四省之交。常山县地处浙闽赣皖四省九地市中心地带，是中西部通往长三角地区的"桥头堡""浙西第一门户"。境内交通体系完善，汇聚十大通道，杭金衢、黄衢南、杭新景三条高速贯穿全境，205、320、351 三条国道和 221 省道纵横交错，沿江美丽公路快速便捷，衢九铁路建成通车，常山港航道综合开发即将实施，黄金水道通江达海，前景广阔，县城距衢州机场、杭长高铁衢州站均半小时车程。

常山位于钱塘江之源。钱塘江是浙江的母亲河，而常山位于钱塘江源头区域，县域生态环境优良，森林覆盖率 71.2%，空气质量常年保持在二级以上，PM2.5 在 31 微克/立方米以下，县城负氧离子浓度高达 1 万个／立方厘米以上，出境水水质常年保持 Ⅱ 类水以上标准。常山拥有全国第七座国际慢城，是全球绿色城市，中国天然氧吧，国家重点生态功能区，浙江省重要生态屏障，入选省大花园示范县、省新时代美丽乡村示范县，有"千里钱塘江，最美在常山"的美誉。

常山是浙西宋诗之河。常山于东汉建安二十三年（公元 218 年）建县，始称定阳，迄今 1800 多年。境内古道古渡、古街古村不胜枚举，万寿寺、文峰塔、文昌阁挺拔傲立。宋诗文化源远流长，陆游、杨万里、辛弃疾等大批诗人、词人沿常山江赋诗吟咏，留下宋诗 3000 余首，宋代诗人曾几的《三衢道中》脍炙人口，描绘了常山初夏时节的景致。"宋诗之河"常山江被纳入钱塘江诗路黄金旅游带规划，入选全省首批诗路旅游目的地培育名单。诗画风光带建设多点开花，徐村"紫薇花海"、长风"古渡金沙"、东方巨石阵成为网红打卡地。

常山拥有赏石之都。常山县地质形成达 4.6 亿年之久，拥有中国第一枚"金钉子"剖面——奥陶系达瑞威尔阶全球层型剖面点，极具科考旅游价值，是国家地质公园。拥有三衢石林、梅树底两个国家 AAAA 级景区，三衢石林获评"全球低碳生态景区"。矿石资源丰富，石灰石、萤石矿储量和品质均居全省首位，石灰岩（青石）、花石品质优良，有华东地区最大的青石、花石专业市场，建成中国观赏石博览园，"赏石小镇"为浙江省首批创建特色小镇，是"中国观赏石之乡"。

常山是著名的胡柚之乡。绿水青山孕育"常山三宝"，常山是中国胡柚之乡、油茶之乡、食用菌之乡。胡柚种植面积达 10 万亩，年产 14 万吨，胡柚（香柚）全产业总产值 15 亿元，带动全县 10 余万从业人员增收致富。胡柚青果切片"衢枳壳"列入《浙江省中药炮制规范》，并入围新"浙八味"，"柚见 80 ＋"鲜果、庆余常山胡柚膏深受喜爱，"微苦味、世界风"深入人心，YOUYOU 音乐节、民族动画电影《胡柚娃》等广受青睐。常山油茶历史悠久，全国油茶交易中心、国家油茶公园落户常山，东海常山木本油料运营中心油茶籽油挂牌交易，常山油茶产区入选中国特色农产品优势区。"常山猴头菇"通过国家农产品地理标志登记。"中国好味·鲜辣常山"声名远扬，是浙江鲜辣美食之乡。

常山更是宜业之城。 产业创新是经济发展的基础，是地方经济可持续发展的保障。常山产业转型走出新路，以斯凯孚轴承为代表的装备制造业、以哲丰为代表的新材料产业、以先导为代表的半导体产业、以众卡为代表的现代物流产业、以小乔科技为代表的数字经济产业蓬勃发展。新都工业园区、集聚区、辉埠新区、生态园区"四区合一"，基础设施完善，要素保障有力，是省级经济开发区，争创省级高新园区。推进数字化改革，实施"常青藤"行动，营商环境持续优化，是投资兴业的活力高地。养生养老产业加快发展，赛得健康小镇培育成型，以村上酒舍、申山乡宿、彤弓山居、金源现代旅游根据地为代表的高端民宿发展势头强劲。

（二）

常山是浙江省的山区县，自然禀赋和区位条件并不占优势，但是山区县也有独特的优势——生态优势、资源优势和广大人民群众参与共同富裕建设的热情，关键是要发挥好市场在资源配置中的决定性作用和政府的重要作用，用好财政政策"四两拨千斤"的杠杆撬动作用，把生态的优势转化为发展的优势，把"绿水青山"转化为"金山银山"，常山县在高质量发展建设共同富裕方面作了很好的实践探索。

营商环境好。 营商环境不仅体现在硬环境方面，更体现在软环境方面。硬环境靠投入，而软环境靠打造。打造营商环境是政府的职责，也是政府的作用范围，是推动经济社会发展的基本要素。常山作为山区县，发展经济的硬环境不具优势，因此当地政府将打造软环境作为主攻方向。结合生态县好山好水孕育出的一系列特色农产品,立足特色资源禀赋,提出"一切为了U"的城市品牌,这个"U"是胡柚、是茶油,也是旅游,更是"你"的意思,核心就是一切为了你、一切为了人民。在这个核心理念的指引下,常山县政府服务意识强、办事效率高,吸引了各方的投资,有力地推进了共同富裕建设。

创业激情高。共同富裕的建设关键靠发展,"等、靠、要"实现不了共同富裕,而发展的关键靠人民群众的热情参与,把人的积极性调动起来,积极投身到共同富裕的实践。常山县最早从达塘村的"早上好"实践开始,上升到全县共同追求的高度,形成"早上好"精神。推进"早上好",从见面"一句问候",到形成"一张工作导图",再到兴起"一种奋斗精神",成为一个兴村品牌,成为一种推进全乡强村富民的党建联建模式,还成为引领全县高质量发展的关键变量。弘扬"早上好"奋斗精神,汇聚强大正能量,全县上下"天天早起、事事争先、人人追梦、年年攀升",主动担当作为、攻坚克难、奋勇争先。

产业融合快。乡村振兴、共同富裕产业是基础,没有产业的支撑,共同富裕难以实现,而产业的发展关键是要做好产业融合的文章,提高产业的附加值和市场竞争力。常山是著名的胡柚之乡,胡柚是传统农业主导产业之一。常山持续深耕"一只果",当地有10.5万亩胡柚林,10万人参与种植、生产与销售。从胡柚鲜果销售切换到精深加工赛道,致力培育龙头企业。2022年以来,深入实施"两柚一茶"产业高质量发展五年行动方案,细化并制订"102030"工作任务清单,新增双柚种植面积4000亩,完成香柚营养钵育苗30万株;加强校企研发合作,开发了胡柚汁、双柚汁、胡柚膏等8大系列82款产品,打响了"常山胡柚膏"等"U"系列产品知名度,"双柚汁"销售额达5亿元;做到全果利用、吃干榨尽,让常山胡柚品牌价值充分释放,实现了"一只水果带富一方百姓"的全产业链发展模式。

改革创新多。 共同富裕建设的核心问题是"三农"问题，这是共同富裕建设的难点，而解决"三农"问题必须缓解"融资难、融资贵"的问题，把农村的资源和市场的资本有机结合，为农村发展和农民增收创造条件。作为山区的农业县，常山聚焦生态资源转化，着力打通堵点、激发活力，在全省率先实体化运作"两山合作社"，搭建"生态云脑"、组建交易中心，规模化收储零星低效资源进行整合提升，让生态资源物有所值，同时给经营主体赋能增信，为农民打开资金通道，让两山合作社成为共同富裕的"桥"和"船"。截至2022年底，两山合作社已收储资源总价值达18亿元，累计交易转化资源总量1.05亿元，联合金融机构向经营主体发放生态贷5.6亿元，带动176个村增加经营性收入5844万元。

集体经济活。 共同富裕建设离不开政府的支持，更离不开村集体经济的支持，没有强大的村集体经济的支持，共同富裕的实现难以保障。面对村集体经济薄弱的困境，常山县主动作为，通过产业帮扶、乡贤回归等举措，积极推进美丽乡村建设，不断壮大村集体经济。截至2022年底，常山全县已累计建成浙江省级美丽乡村示范乡镇9个、特色精品村26个、美丽乡村达标村168个、历史文化村落7个、浙江省级未来乡村4个。全县180个村集体中经营性收入达30万元以上的占76.1%，50万元以上的占58.3%，100万元以上的占16.1%，全县城乡收入倍差1.7。

财政政策稳。 常山是个山区县，也是财政困难县。2022年，全县财政总收入26.56亿元，增长7.2%；一般公共预算收入166087万元，增长10.7%。全县一般公共预算支出679353万元，增长10.4%。财政收支的缺口大，主要靠上级财政主要是省财政的转移支付支持。在财政困难、财力有限的条件下，常山财政高度重视理财机制的创新，通过优化财政支出结构，千方百计挤出财力增加对"三农"的投入和共同富裕建设的支持，以确保共同富裕建设和全省保持同步。2022 年常山县财政依托香柚和胡柚发展的农业基础，聚焦"两柚一茶"特色产业，统筹整合县级及以上资金 5000 万元，用于"两柚一茶"全产业链发展。2023 年，县财政安排产业发展资金 6500 余万元，进一步提高"两柚一茶"产业种植规模，推动县农业现代化发展，为百万家庭齐奔富打下坚实基础。同时，县财政设立农田建设专项资金，2023 年安排高标准农田建设资金 1388.54 万元，支持新建高标准农田 5000 亩，安排规模种粮补贴资金 1110 万元，耕地地力保护补贴 1193 万元。投入 560 余万元的政策性农业保险，为全县农业主体提供风险保障 6.5 亿元，用实际行动守好粮食生产"基本盘"，鼓起增收致富"钱袋子"，筑牢粮食安全"生命线"。

有了政府的高度重视，有了百姓的创业激情，财政政策的支持，为常山县的共同富裕建设奠定了坚实基础，也成为常山县共同富裕建设的动力所在和活力源泉。

（三）

共同富裕是个长期过程，共同富裕是发展问题，又是分配问题，两者互为因果，共同推动共同富裕的实现。一方面，共同富裕的实现关键依靠发展，只有把经济的蛋糕做大做强，实现更加富有，共同富裕的实现才有基础，才有可能，更有保障；另一方面，共同富裕的实现又需要分配的调节，主要是财政政策的调控，通过转移支付、税收、社保等财政政策的调节，做好扩中提低的文章，以确保共同富裕的实现；核心财政政策要做好托底的文章，把低收入群体和困难家庭充分考虑到，让他们能够享受发展的成果、改革的红利，共同富裕才能稳固。当然，共同富裕的实现是个长期的过程，不能一蹴而就，这是共同富裕建设的方法所在，也是推进的思路所在。

　　常山县作为山区县，共同富裕的实践和探索，许多做法是可复制、可推广的，且更有典型意义。山区县要主动作为，找到发展的路径，实现高质量发展和共同富裕是完全可行的，与全省保持同步是能够做到的。为了总结常山县共同富裕的做法和经验，推动共同富裕尤其是山区县共同富裕的建设，我们多次到常山县调研，书中的数据也主要来自历次调研所得。我们到过常山县不少乡村和企业，调查了解农村和企业的发展变化；也与常山县政府各有关部门和单位多次交流探讨，交流共同富裕的实践经验，探寻共同富裕的发展方向，重点是山区县的共同富裕建设。让山区县的高质量发展建设共同富裕做到更好，为浙江的高质量发展建设共同富裕做出积极的贡献，这是我们对常山县共同富裕研究的目的所在。

余丽生

2023 年 8 月

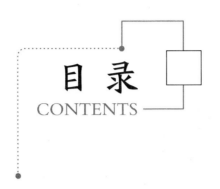

目 录
CONTENTS

第一章　共同富裕建设的理论分析

第二章　常山县共同富裕建设的实践

第三章 常山县和慈溪市共同富裕建设的比较

第四章 常山县共同富裕建设的实践经验

第五章 常山县共同富裕建设的典型案例

第六章　常山县共同富裕建设的思路

第七章　常山县共同富裕的金融政策建议

第八章　常山县共同富裕建设的财政体制机制构建

Chapter
1

第一章
共同富裕建设的理论分析

　　共同富裕是社会主义的本质要求，是人民群众的共同期望，也一直是我们党团结带领全体人民不懈奋斗的初心使命。党的十九届五中全会提出"全体人民共同富裕取得更为明显的实质性进展"。2021年1月11日在省部级主要领导干部学习贯彻党的十九届五中全会精神专题研讨班开班式上，习近平总书记强调，"实现共同富裕不仅是经济问题，而且是关系党的执政基础的重大政治问题"。《中华人民共和国国民经济和社会发展第十四个五年规划和2035年远景目标纲要》中明确提出"全体人民共同富裕迈出坚实步伐"，并提出"浙江高质量发展建设共同富裕示范区"。2021年8月17日，中央财经委员会第十次会议研究了扎实促进共同富裕问题，强调共同富裕是社会主义的本质要求，是中国式现代化的重要特征，要坚持以人民为中心的发展思想，在高质量发展中促进共同富裕。共同富裕成为当前和今后经济社会发展的重点。党的二十大报告提出"中国式现代化是全体人民共同富裕的现代化。共同富裕是中国特色社会主义的本质要求，也是一个长期的历史过程。我们坚持把实现人民对美好生活的向往作为现代化建设的出发点和落脚点，着力维护和促进社会公平正义，着力促进全体人民共同富裕，坚决防止两极分化"，并提出到 2035 年"全体人民共同富裕取得更为明显的实质性进展"。对共同富裕建设提出明确要求。建设共同富裕必须对共同富裕要有充分的认识和理解，从而更好推动共同富裕建设，这是共同富裕建设的基础。

一、共同富裕的理解

要实现高质量发展建设共同富裕必须全面认识和理解何为高质量、何为共同富裕，才能更好的落实和推进高质量发展建设共同富裕示范区。何为高质量？高质量发展是党的十九大提出的新范畴，"我国经济已由高速增长阶段转向高质量发展阶段"，是党的十九大作出的重要论断。高质量发展原本是指经济高质量发展，是指进入相对于经济高速增长的新发展阶段；是指采用相对于粗放式发展方式的新发展方式。但从本质上是坚持以人民为中心的发展思想、贯彻新发展理念的发展，是创新、协调、绿色、开放、共享的新发展理念。何为共同富裕？通常的理解是富裕上的共享。首先是富裕，这是共同富裕的前提，没有富裕前提的基础，谈不上共同富裕，那只能是平均主义，容易导致贫困。对富裕的认识，也没有统一的规定或标准，更何况富裕也是相对的。但必须把经济发展好，把国民收入的"蛋糕"做大，这是共同富裕的基础，也是共同富裕的保障。同时，光有富裕，社会成员的收入差距过大，也不是共同富裕。因此，共同富裕必须是在富裕的基础上，社会成员之间的富裕程度要保持同步，收入差距比较小或者说收入差距在社会能够接受的范围内，这是共同富裕的要求。

由于国情和发展水平的不同，对共同富裕的理解和要求也有所差异，从我国国情出发，共同富裕必须体现在多方面。

一是城乡之间要均衡发展。城乡之间有差距这是客观事实，政府的目标是要逐步缩小这种差距，国家推行的许多针对农村的政策，如新农村建设、美丽乡村建设、乡村振兴战略等，就是为了推动农村经济社会发展，缩小城乡之间的差距。光有城市的现代化，没有农村的现代化；光有城市的发展，没有农村的发展，都无法实现共同富裕。20 世纪八九十年代出现的"拉美陷阱"（中等收入陷阱）就是因为没有处理好城乡关系，导致大量农村人口涌入城市，给城市带来了交通、住房和就业等方面的压力，导致大量人口的失业，以致出现社会治安恶化、犯罪率上升等社会问题。因此，共同富裕要体现城乡之间的均衡，使城乡同步发展，农村也能享受改革开放的成果，使农村真正实现"看得见水，望得见山，记得住乡愁"。

二是区域之间要均衡发展。由于地理、历史、自然的原因，各地的资源禀赋、发展条件、生产环境的不同，地区之间的差距是客观存在的，是不以人的意志为转移的。各地在发挥市场在资源配置中的决定作用的前提下，应发挥好政府的调节作用。因为市场作用不到或作用不好，出现地区差距过大、地区发展失衡的情况时，应发挥政府的重要作用，提高转移支付、政策支持力度，推动区域的均衡发展。国家实施的西部大开发、东北振兴、中部崛起等政策，其目的就是推动区域的均衡发展，实现共同发展、共同富裕。

三是经济社会之间要均衡发展。经济发展与社会发展之间是相互联系的，经济发展是社会发展的基础，没有经济发展的支撑社会发展难以实现；同时社会发展是经济发展的必然，社会发展又会为经济发展创造条件。如果顾此失彼，只顾经济发展而忽视社会发展，或只顾社会发展而忽视经济发展，经济社会发展是难以持续的。共同富裕要求在经济发展的基础上积极推动社会发展，实现经济社会的协调发展。因此，各级政府必须高度重视经济发展，始终坚持以经济建设为中心，把国民经济的蛋糕做大做强，在此基础上，积极发展社会事业，把更多的财力投向教育、科技、医疗、社会保障等社会事业发展，以不断改善社会福利，满足人民群众日益增长的对美好生活的追求。

四是群体之间要均衡发展。 由于社会分工的不同，以及人的能力大小不一，甚至是机会的不均等，社会群体之间是有差异、有分工的，这是社会存在的客观事实，群体之间的差异是客观存在的。群体之间的差异有利于社会的竞争，推动社会的发展，现代社会就是要创造公平的竞争机会，实现机会的均等。但群体之间如果差距过大，也会影响社会的发展和社会进步，需要政府通过税收政策、社会保障制度安排来进行调节，实现群体之间的均衡发展。

五是行业之间要均衡发展。 各行各业构成了经济社会发展，由于各地的资源禀赋和发展水平以及发展条件的限制，行业的发展是不一致的，有的专注于传统行业，有的发展新兴行业；有的行业利润高，有的行业的利润水平低；有的是完全竞争行业，有的是垄断行业；有的以国有经济为主，有的是民营经济；等等。无论是传统行业还是新兴行业，都是经济社会发展的需要，都要鼓励发展，把行业做大做强，推动高质量发展，尤其是我国各地的经济依然是以传统产业为主，要通过数字化转型，向产业链的两端延伸，提高产业的竞争力。同时，国家要通过政策调控，对高利润、高收益行业的收入水平进行调控，对传统行业的收入水平则要通过制定最低工资标准等予以保障，以均衡行业间的收入差距，实现行业的均衡发展。

根据共同富裕内涵的要求，从共同富裕的外延看，平均主义不是共同富裕。共同富裕不等于平均主义，有时人们往往把共同富裕理解为平均主义，其实，这是对共同富裕的误解。平均主义不会实现共同富裕，只会导致共同贫困，我国这方面的教训是深刻的。邓小平指出，"搞平均主义，吃'大锅饭'，人民生活永远改善不了，积极性永远调动不起来"①。共同富裕不等于平均主义，平均主义不等于社会主义，平均主义的结果是"大锅饭"，以致"共同贫困""共同落后"。平均主义不利于调动人的积极性，实现共同富裕关键要把人的积极性调动起来，共同参与到共同富裕的实践中，才能实现共同富裕。同样，仅靠政府的政策分配难以实现共同富裕。讲到共同富裕，人们自然想到国家的政策，通过政策调节来实现共同富裕。的确，政策调节是实现共同富裕的重要条件，但不是根本条件，光靠政府调节实现的共同富裕是不可持续的，实现共同富裕关键靠发展，把国民收入的"蛋糕"做大，才有分"蛋糕"的可能性。正如邓小平指出的："社会主义的本质，是解放生产力，发展生产力，消灭剥削，消除两极分化，最终达到共同富裕。"② 习近平总书记十分重视共同富裕问题，他指出，"共同富裕是社会主义的本质要求，是人民群众的共同期望。我们推动经济社会发展，归根结底是要实现全体人民共同富裕"③。经济发展才是共同富裕的前提，我们必须始终不放松发展，把发展放在突出的重要位置。在此基础上，通过国家的政策，通过税收、社会保障、转移支付等调节，使共同富裕更好更多惠及社会，让全体人民共享改革开放和经济社会发展的成果，这才是正确处理共同富裕、实现共同富裕的长久之计。

二、共同富裕的理论依据

共同富裕不仅是社会主义的本质要求，而且是经济社会发展的必

① 《邓小平文选》（第三卷），人民出版社 1993 年版，第 177 页。
② 《邓小平理论普及读本》，人民出版社 1998 年版，第 36 页。
③ 《习近平的小康情怀》，人民出版社 2022 年版，第 105 页。

然选择。只有推进共同富裕建设，才能符合社会主义生产目的所要求的"人们对美好生活的追求，就是我们的奋斗目标"。推动共同富裕建设不仅在理论上是可行的，符合经济社会发展的规律，是政府需要发挥作用的，而且在实践上也是必需的，体现了政府职能的强化和对经济社会发展的驾驭能力，这不仅是经济社会发展的需要，更是国家治理体系和治理能力现代化发展的要求。

（一）市场失灵理论

自市场经济产生以来，市场机制在资源配置过程中不是万能的，还存在缺陷。在市场经济条件下，通过市场机制配置资源在促进效率提高的同时，会引起社会分配的不公，贫富差距的扩大，即市场失灵，需要政府进行市场干预，以维护社会公平与稳定。党的十四大提出我国经济体制改革的目标是建立社会主义市场经济体制，发挥市场在资源配置中的基础性作用。党的十八届三中全会进一步提出要发挥市场在资源配置中的决定性作用和更好发挥政府作用。经过 40 多年的市场经济体制改革和发展，我国的市场经济发展取得了举世瞩目的成就，但在市场经济配置资源的过程中市场失灵问题依然存在，如贫富差距、城乡差距、地方发展不平衡等，在某些方面需要政府干预。市场在资源配置中的决定作用和政府的重要作用，说明了政府和市场的关系，政府对市场配置资源矫正作用的必要性。在市场配置资源中，市场作用不到或作用不好主要集中于收入分配差距，包括城乡之间、地区之间、社会群体之间的收入差距。推进共同富裕建设，加快区域之间、城乡之间协调发展，就是为了更好有效配置资源，提高资源的使用效益，避免市场失灵和资源配置的损失浪费。因此，市场失灵决定了在区域发展过程中要加大政府的作用，更加关注和支持经济相对不发达地区、农村地区的发展，增加对经济相对不发达地区、农村地区的支持力度，推动区域的协调和城乡的均衡发展，以实现共同富裕。

（二）公共财政理论

公共财政是指在市场经济条件下国家提供公共产品或公共服务的分配活动或分配关系，是满足社会公共需要的政府收支模式或财政运行机制模式，是与市场经济相适应的一种财政类型，是市场经济国家通行的财政体制和财政制度。同时，公共财政又是与国家治理体系和治理能力现代化相适应的，是国家治理的基础和重要支柱。公共财政最大的功能是弥补市场失灵。在市场经济中，市场机制在资源配置中发挥着决定性的作用，但在某些领域，如公共产品、外部性、自然垄断、信息不对称、社会分配不公、宏观经济不稳定等，市场机制难以发挥作用，存在"市场失灵"或"市场缺陷"。正是这些"市场失灵"领域的存在，决定了政府干预和财政介入的必要性和范围。换言之，"市场失灵"的存在是公共财政作用的前提，政府和公共财政的存在绝不是取代市场机制在资源配置中的决定性作用，而仅仅是对市场失灵领域的矫正和弥补，以确保市场资源配置决定性作用的发挥，维护市场经济的正常运转。共同富裕建设就是要按照公共财政的要求，发挥公共财政的职能作用，加大政府财政对地区之间、城乡之间、社会群体之间分配的调节，把公共资源更多向落后地区、农村和困难群体倾斜，以实现区域之间、城乡之间的均衡发展和公共服务的均等化。

（三）区域经济发展理论

区域经济是从经济学角度研究区域经济发展与区域关系协调的科

学。区域经济理论最大的价值是应用性，以解决实际问题，形成了区域经济发展的辐射理论、增长理论等，对推进区域协调发展战略具有宝贵的实际意义。区域经济辐射指经济发展水平较高的区域对较低的区域进行资本、人才、技术等经济发展要素的流动与传输。经济发展水平和现代化程度相对较高的区域被称为辐射源，交通条件、信息传播手段和人员的流动等成为辐射的媒介。辐射理论对制定区域经济发展战略、促进资源合理配置和要素有序流动等方面具有明显的实践指导意义。同时在区域增长过程中，根据产业的不同，经济增长速度也有区别，其中增长较快的成为该区域的主导产业和创新产业。这些产业常常会在某一特定区域集聚，优先发展，这种特定区域被称为增长极。增长极具有极化效应、扩散效应和溢出效应。在进行区域产业布局时，应根据区域特点和比较优势选择发展主导产业和创新产业，促进其形成增长极，然后通过增长极的扩散效应带动周边地区和产业的发展。共同富裕，就是通过政府作用的引导，通过资源的优化配置，发挥和利用好经济辐射作用，促进资源流动，推动区域之间、城乡之间的均衡发展。

（四）公平正义理论

公平是指处理事情合情合理，不偏袒某一方或某一个人，即参与社会合作的每个人承担着他应承担的责任，得到他应得的利益。公平包含公民参与经济、政治和社会其他生活的机会公平、过程公平和结果分配公平。正义则是公正的义理，包括社会正义、政治正义和法律正义等。公平正义体现在三个方面。一是机会公平、平等。社会要建立开放的社会体系，那些对人的生存与人的自由全面发展十分有利的机会应当平等分享。需要实现的公平与平等包括教育公平、就业机会公平、职务地位升迁机会平等。二是收入和财富分配的正义与公平。三是在法律面前人人平等，公民的权利与义务平等分摊。社会公平正义，是社会稳定的基础，是中国特色社会主义的内在要求。实现社会公平正义，也是"以人民为中心"执政理念的切实体现。党的十八大报告指出：公平正义是中国特色社会主义的内在要求。要在全体人民共同奋斗、经济社会发展的基础上，加紧建设对保障社会公平正义具有重大作用的制度，逐步建立以权利公平、机会公平、规则公平为主要内容的社会保障体系，努力营造公平的社会环境，保证人民平等参与、平等发展的权利。由于区域发展的不均衡，社会成员在出身、资本、教育程度、公共权力、信息水平以及人际关系等社会因素的占有程度不同，在一定程度上决定了机会的不同，机会公平没有完全实现。共同富裕建设，加大地区之间、城乡之间、社会群体之间的公平，实现区域之间、城乡之间的均衡发展，有利于社会公平公正的实现，让不同区域的人都能公平享受社会的公共服务和社会的发展成果。

（五）六项扣除理论

马克思主义经济理论认为，社会总产品经过分配和再分配，最终将会形成补偿基金、消费基金和积累基金，这是社会得以发展、经济得以运行的必要条件。为了使社会再生产周而复始地进行，社会总产品不能全部"不折不扣"地分光、吃光、用光，而首先必须进行扣除。马克思在《哥达纲领批判》中指出："如果我们把'劳动所得'这个用语首先理解为劳动的产品，那么集体的劳动所得就是社会总产品。现在从它里面应该扣除：第一，用来补偿消费掉的生产资料的部分。第二，用来扩大生产的追加部分。第三，用来应对不幸事故、自然灾害等的后备基金或保险基金。从'不折不扣的劳动所得'里扣除这些部分，在经济上是必要的，至于扣除多少，应当根据现有的资料和力量来确定，部分地应当根据概率论来确定，但是这些扣除要根据公平原则无论如何是不能计算的。剩下的总产品中的其他部分是用来作为消费资料的。把这部分进行个人分配之前，还得从里面扣除：第一，和生产没有直接关系的一般管理费用。和现代社会比起来，这一部分将会立即极为显著地缩减，并将随着新社会的发展而日益减少。第二，用来满足共同需要的部分，如学校、保健设施等。和现代社会比起来，这一部分将会立即显著增加，并将随着新社会的发展而日益增加。第三，为丧失劳动能力的人等等设立的基金，总之，就是现在属于所谓官办济贫事业的部分。"① 在马克思的"六项扣除"理论中，第一项扣除形成补偿基金，第二项扣除形成积累基金，第三项扣除虽然并不一定在将来被投入社会再生产之中，但是，就其作为社会总产品未被消费的意义来讲，也可视为积累，后三项扣除形成公共消费基金，是全社会消费基金的组成部分。马克思六项扣除理论认为，满足社会公共需要在国民收入初次分配和再分配中都具有十分重要的地位。国民收入分配包括国民收入的初次分配和再次分配两个环节。国民收入的初次分配就是在国民收入"蛋糕"既定的前提下，处理好国家、集体和个人的分配关系，实质是如何处理好积累和消费的关系。国民收入的再次分配就是在国民收入初次分配的基础上，通过政府财政对国民收入的重新分配，以调节国民收入分配的结构，确保政府职能的实现。国民收入初次分配更多的是市场行为，应坚持"效率优先和公平兼顾"，国家既不能不干预，又不能过多地干预，否则，就会违背市场经济的分配原则，在国民收入初次分配环节，国家能够调控的力度有限。而国家通过税收等形式对国民收入初次分配集中的资金，再用于国民

① 《〈哥达纲领批判〉研读》，研究出版社 2021 年版，第 183 页。

收入的再分配。在国民收入再分配环节，国家能够调节的余地较大。国家参与国民收入再分配更多考虑公平的需要，用于"满足共同需要的部分，如学校、保健设施等"，即国家要加大对民生的投入，以解决医疗、就业、就学、社会保障等社会问题。共同富裕的核心是要解决社会分配的公平问题，缩小收入差距，把解决城乡差异、地区差异、社会群体的收入差异作为重点，构建"扩中""提低"的橄榄型社会，与马克思的六项扣除理论是一致的。

三、共同富裕建设与财政

共同富裕建设既是发展问题，又是分配问题，发展是基础，分配是保障。没有发展的前提，共同富裕难以实现；同时，没有分配的公平，共同富裕也难以保障。因此，共同富裕建设和财政关系密切，财政贯穿于共同富裕建设的始终，必须发挥财政的作用，把财政政策和共同富裕建设有机结合起来。从根本上说，共同富裕建设既是发展问题，也是财政问题。

（一）共同富裕建设是财政的基础

共同富裕的关键是发展，做大"蛋糕"，这是共同富裕的前提，没有经济的发展，共同富裕没办法实现，这也是为什么国家在《中华人民共和国国民经济和社会发展第十四个五年规划和 2035 年远景目标纲要》中明确提出"全体人民共同富裕迈出坚实步伐"。因为我国目前的人均国内生产总值离发达国家的平均水平还有很大的距离，离共同富裕的要求还有很大的差距。实现共同富裕核心是要把经济发展起来，把经济大国发展成为经济强国，把制造大国发展成为创造大国，以保持经济长期的稳定健康发展，朝着共同富裕的发展目标努力。而以税收为主要收入来源的财政来自经济发展。经济决定财政，财政反作用于经济，这是财政和经济的基本关系。经济发展是财政分配的基础，经济发展的好坏、经济质量的高低决定财政的总量和规模，财政"蛋糕"来自经济"蛋糕"，是经济"蛋糕"的有机组成。因此，财政和共同富裕建设关系密切，共同富裕建设为财政分配提供了来源，共同富裕建设有利于财政做大做强。

（二）财政是共同富裕建设的保障

共同富裕的目标是在经济发展的基础上，城乡之间、区域之间、社会群体之间要保持均衡的发展，不能顾此失彼，这是共同富裕建设的要求，而城乡之间、区域之间、社会群体之间的均衡发展又是市场机制作用调节不好或难以调节的，需要政府的干预，主要是财政分配的调节，要通过税收、社保、转移支付等财政政策进行调节。2021年8月17日召开的中央财经委员会第十次会议明确提出，要坚持以人民为中心的发展思想，在高质量发展中促进共同富裕，正确处理效率和公平的关系，构建初次分配、再分配、三次分配协调配套的基础性制度安排，加大税收、社保、转移支付等调节力度并提高精准性，扩大中等收入群体比重，增加低收入群体收入，合理调节高收入，取缔非法收入，形成中间大、两头小的橄榄型分配结构，促进社会公平正义，促进人的全面发展，使全体人民朝着共同富裕目标扎实迈进。

一是税收的调节。税收的基本功能是收入分配功能，是政府财政收入的主要来源，同时税收又有调节收入分配的功能，是共同富裕建设的重要政策工具。政府可以通过征收个人所得税、房地产税，以及遗产税和赠与税，对高收入群体征税，以调节居民收入分配，使社会群体之间的收入分配达到均衡。

二是社保的调节。社会保障是市场经济的"稳定器"和"安全网"，社会保障的重点是弱势群体和困难群众，国家通过建立养老、医疗、失业等社会保障制度，以及通过最低保障制度等，使弱势群体和困难群体的利益得到保障，从而达到提低扩中的目标，为共同富裕发展创造条件。

三是转移支付的调节。转移支付是财政分配的重要形式，主要通过财政转移支付的形式，对区域发展落后的地区和困难家庭，给予财政补助，以增加经济落后地区经济社会发展和公共服务提供，帮助落后地区和困难家庭走出困境，推动共同富裕的实现。

税收、社保、转移支付等都是财政的政策举措，是共同富裕建设的重要保证，推动着高质量发展建设共同富裕。

四、共同富裕建设的必要性

共同富裕是社会主义的本质要求，是人民群众的共同期望，是中国共产党"全心全意为人民服务"宗旨的体现和要求。高质量发展建设共同富裕示范区，加快推进共同富裕建设，以更好更快推进区域之间、城乡差距的均衡发展，实现城乡居民收入水平的提高，满足人民群众不断增长的对美好生活的追求，不仅有理论意义，更有现实意义。

（一）共同富裕建设是推进中国式现代化建设的需要

党的二十大指出要推进中国式现代化建设，这是新时代新征程中国共产党的使命任务。中国式现代化前无古人，不仅是人口规模巨大的现代化，超过 14 亿人口的现代化，没有经验可以借鉴，艰巨性和复杂性前所未有，而且中国式现代化是全体人民共同富裕的现代化，这是中国式现代化的要求。经过改革开放 40 多年的发展，尽管我国的经济社会发展取得了很大的成绩，成为全球第二大经济体，但是城乡差异大、地区发展不平衡的问题依然存在，离共同富裕的要求还有很大差距，仍然需要付出艰苦的努力。中国式现代化就是要在全面建成小康社会的基础上，按照建成社会主义现代化强国的要求，加快经济社会发展，使国家的经济实力、科技实力、综合国力大幅度提升，人均国内生产总值达到中等发达国家水平，构建新型工业化、信息化、城镇化、农业现代化，推进国家治理体系和治理能力现代化建设，把人民群众对美好生活的追求作为奋斗目标，使全体人民共同富裕取得明显的实质性进展。这是共同富裕建设的要求，也是中国式现代化的基本要求和重要特征。

（二）共同富裕是实现中华民族伟大复兴中国梦的需要

我国作为世界大国，如何通过和平发展崛起，实现中华民族伟大复兴的中国梦，是每个中国人、每个炎黄子孙的共同心愿。对中国梦的理解每个人可能有所不同，表现形式也是多方面的，但中国梦突出表现在"民富国强"上是不容置疑的。只有民富国强实现了，中国梦才有可能实现，任何"国强民不富"或"民富国不强"都不是中国梦的表现。经过改革开放 40 多年的发展，我国的经济社会发展取得了举世瞩目的成就。到 2022 年我国的 GDP 已达 121.02 万亿元，从 2009 年以来已成为世界第二大经济体，基本实现"国强"的发展目标，但是与 14 亿人口比较，尽管我国的人均 GDP 达到 85698 元，折算成美元为

12741 美元，连续两年保持在 1.2 万美元以上，但仍处于世界中等水平，和发达国家的平均水平相比还有不小差距。我国的经济社会发展还没有达到发达国家的水平，还没有达到富裕的程度，还没有实现"民富"的发展目标。我国仍然是世界上最大的发展中国家，还处于社会主义初级阶段，这其中最突出的问题是农村问题、城乡差距问题。和城市相比，我国农村的基础设施、生活条件、生产环境还比较落后，农民的收入水平还比较低，而这种差距正是我国未来发展的潜力所在，是未来经济增长的潜力所在。共同富裕建设就是要把发展和收入分配更好结合起来，把更多的资源向农村、向中西部地区、向低收入人群倾斜，把经济发展起来，提高城乡居民的收入水平，让农村发展得更好，缩小城乡差距、地区差距，让改革发展的成果惠及全民，确保"民富国强"目标的实现，中华民族伟大复兴中国梦的实现。

（三）共同富裕建设是实现跨越式发展的需要

我国作为世界上最大的发展中国家，如何让人民过上美好的生活，必须解决发展的问题，这是发展中国家面临的共同问题。以经济建设为中心始终是我国的国策，是我国经济社会发展的要求。发展就要找到发展的方向、发展的目标，实现弯道超车，快速发展。作为发展中国家，中国的优势很多，其中一个最大的优势是比较经济学所说的后发优势，可以通过比较，从中找到发展的路径，以少走弯路。这就需要对资源的合理配置，以避免资源的闲置和配置的浪费，避免地区之间由于资源配置的不均，相互恶性竞争、低价竞争等情况的发生，影响了资源的有效利用和经济竞争的整体优势。共同富裕建设就是后发优势的重要举措，要通过资源整体考虑，做好资源的统筹规划，对资源进行有效的配置，提高资源的使用效益，发挥资源的价值，把资源优势变为经济优势，进而成为发展优势，实现经济的跨越式发展。尤其是要加快相对落后地区的发展，使相对落后地区成为经济发展的新增长点，实现区域经济的均衡发展。

（四）共同富裕建设是城乡融合发展的需要

共同富裕的难点在农村，重点在偏远地区的乡村。尽管农村税费改革以来，尤其是新农村建设以来，国家通过新农村建设、美丽乡村建设、乡村振兴战略，把公共服务的资源向农村辐射，农村的面貌有了很大的变化，农民的收入水平有了很大的提高。《浙江统计年鉴（2023）》数据显示，2022 年我国农村居民人均可支配收入为 20133 元，比上年增长 6.3%，而同期的城镇居民人均可支配收入为 49283 元，比上年增长 3.9%。城乡收入比从 2014 年的 2.75∶1 降到 2022 年的 2.45∶1。从浙江省的情况看，"千村示范，万村整治"实施以来，浙江省的农村发展很快，城乡差距不断缩小，城乡居民的收入比从 2014 年的 2.09∶1 缩小到 2022 年 1.90∶1，城乡居民收入在全国省区中是最接近的。但是，城乡的差距是长期形成的，要缓解长期形成的问题有一个长期的过程，更需要有解决乡村问题切实可行的办法。城乡的融合发展是基础，更是关键，是解决农村问题的根本举措。而共同富裕建设和城乡融合发展是相互促进的，共同富裕建设就是要推动城乡资源、要素的流动互通，把更多的资源要素向乡村延伸，形成工业反哺农业、城市支持农村的发展格局。从而加快农村的发展，形成城乡融合发展的格局，以破解共同富裕建设的难题，使共同富裕能够得到更好的实现。

（五）共同富裕建设是实现公共服务均等化的需要

为社会提供公共产品，满足社会公共需要是政府的职责所在。由于历史和地理以及资源禀赋的不同，地区之间发展是不均衡的，以致出现了东西之间、南北之间的差异，影响了共同富裕的实现。由于区域发展的不均衡，地区之间、城乡之间公共服务的提供是不均衡的，政府通过财政的转移支付，很大程度上是为了均衡地区之间的公共服务，以解决发展的不均衡不充分问题。同时，政府在加大公共产品、公共服务提供的同时，也出现公共产品、公共服务的使用效益不高，公共产品、公共服务的重复配置、闲置浪费情况严重的问题。共同富裕建设，通过政府财政的转移支付等政策，把更多的资源配置到发展比较慢、相对困难的地区。国家实施的西部大开发、东北振兴、中部崛起战略，就是为了推动区域的均衡发展。在此前提下，还要更好地在区域内配置公共产品和公共服务，提高公共产品和公共服务的辐射范围，避免重复配置、多头配置，把政府的资源、资金用好，更好地实现公共服务的均等化，让公共产品、公共服务惠及更多的地区、更多的城乡居民，实现效益的最大化。

五、共同富裕建设的作用机理

既然共同富裕是社会主义的本质要求，那么高质量发展建设共同富裕就是社会主义经济社会发展的必然要求。党的十九届五中全会和第十次中央财经工作会议作出了具体的部署，党的二十大提出了明确的要求，建设高质量共同富裕必须从初次分配、再分配、三次分配着手，处理好效率和公平的关系，发挥好财政的职能作用，确保全社会沿着高质量发展建设共同富裕的方向发展。

（一）初次分配的选择

初次分配是共同富裕建设的基础，更是共同富裕建设的关键。初次分配要做好发展的文章，实现更加富裕，为共同富裕建设提供保障。

初次分配是共同富裕的基础，因为实现共同富裕首先得有财富的创造，没有财富的创造共同富裕只能是无源之水。实现共同富裕要靠发展，这是分配的前提，没有经济社会的发展，何来财富的分配。发展就是要做大经济"蛋糕"，创造更多的国民收入，使社会财富的分配有来源。尽管收入分配有利于共同富裕的实现，但光靠收入分配的调节无助于共同富裕的实现，收入分配是实现共同富裕的手段，最终的实现要靠发展，这是共同富裕的要求。经过改革开放 40 多年的发展，我国经济社会发展很快，从 2009 年起就成为全球第二大经济体，这为共同富裕创造了条件，但与我国 14 亿人口相比，人均国内生产总值才突破 1.2 万美元，发展水平还有待进一步提高，发展的任务依然艰巨，还存在地区发展不平衡、城乡发展差距大等问题，一些行业和领域的关键技术或关键产品还受制于人，补短板的任务艰巨。因此，面对不确定的外部世界以及国内外发展环境的变化，必须始终把发展放在首位，把人民对美好生活的追求放在首位，创造更好的发展环境，把资源优势转化为经济优势和发展优势，补好经济发展的短板，推动更高质量的发展。财政政策实施要更加积极有为，加大对经济发展的支持力度，落实好减税降费的政策，利用政府产业基金等政策工具，推动经济结构的调整，重点支持数字经济的发展和传统产业的数字化发展，把经济的"蛋糕"做得更大，把财政发展的基础做得更加扎实，使高质量发展建设共同富裕的实现有坚实的基础。

（二）再次分配的选择

再次分配是共同富裕建设的保障，共同富裕建设需要通过分配调节，这是共同富裕建设的有力保障。因此，要加强再次分配对共同富裕建设的调节，重点是要做好托底的文章，通过扩中提低，构建橄榄形社会，实现更加公平，共享改革发展成果。

再次分配是实现共同富裕的重要保障，没有再次分配的调节，仅靠初次分配难以实现共同富裕，而通过再次分配用政府"有形之手"矫正市场"无形之手"，把"无形之手"和"有形之手"结合起来，才能实现共同富裕。初次分配强调效率优先，把国民收入的"蛋糕"做大，而再次分配则以公平优先兼顾效率，通过财政转移支付、社会保障等政策手段，把"蛋糕"切好，以共享改革发展成果，实现共同富裕。到 2021 年底，我国如期实现了全面脱贫的目标，全面建成小康社会，进入社会主义现代化建设新时期，实现了"有饭吃""有学上"等方面的发展目标。但是，解决了"扶一把"，还得"送一程"，要巩固脱贫成果，防止脱贫返贫，这是共同富裕的难点，我国这方面的任务依然存在并且在有些地区任务依然艰巨。再次分配要把重点放在解决地区差距、城乡差距等方面，要加大对中西部地区、偏远地区的公共服务的投入力度，加大对困难群体、低收入群体的扶持力度，增加低收入家庭和低收入人口的收入水平，做好托底的文章，并逐步把托底的"底"抬高。财政政策是再次分配的重点，要制定更加公平的政策，转移支付要加大向中西部地区尤其是偏远地区的倾斜力度，提高这些地区公共服务的水平，尽量避免贫困的代际传承，实现偏远地区的跨越式发展。同时，要逐步健全社会保障体系，提高社会保障水平，尤其是医疗保险和养老保险水平，加大社会保险的救助力度，做到应保尽保，给困难家庭更多的资助，以避免因病返贫、因残返贫、因灾返贫等问题的产生。当然，财政政策在注重公平分配的前提下，也要提高效率，把财政资金用好，提高财政资金使用绩效，以实现"少花钱多办事，办好事"。

（三）三次分配的选择

三次分配，主要通过捐赠、慈善等活动，对共同富裕作有力的调节。因此，三次分配要讲情怀和自愿，要做好奉献的文章，实现分配的更加均衡。

三次分配是共同富裕的重要补充，在初次分配和再次分配的基础上，发挥三次分配的作用，主要是要发展社会的慈善事业，重点是要鼓励企业家、社会成功人士，一部分先富起来的人更多地参与社会捐赠，回馈社会，帮助更多的社会成员实现共同富裕。如果说初次分配是做大"蛋糕"，扩大中产阶级群体的话；再次分配则是托底，抬高低收入群体的收入水平；那么三次分配更多是调节高收入群体的收入水平，即通过初次、再次、三次分配的调节，达到"扩中提低"的目标，形成橄榄型的社会分配格局，实现共同富裕。随着我国居民收入水平的提高，一部分先富起来的群体有了一定的财富积累，从事慈善事业有了一定的经济基础和社会基础。同时，从事慈善事业也是一部分先富起来人的价值追求，政府和社会要鼓励和引导慈善事业的发展，为企业家和社会成功人士从事慈善事业提供更多的机会、创造更多的条件，形成从事慈善事业光荣，从事慈善事业人人有责的社会氛围，使从事慈善成为企业家和社会成功人士的自觉行动。当然，从事慈善事业必须是自觉的，发自内心的，政府和社会不能强求，否则会影响慈善事业的发展。财政政策在三次分配中的作用举足轻重，是推进三次分配的重要因素，一方面要建立引导三次分配的政策，给参与捐赠的企业家一定的税收优惠政策，给慈善事业以政策支持；另一方面也要通过房产税、遗产税等的开征，使更多的企业家愿意从事慈善事业，财政政策要更多通过间接手段进行引导和调节，为三次分配创造更好的条件。

2 Chapter

第二章
常山县共同富裕建设的实践

　　贫穷不是社会主义，社会主义的本质是解放生产力、发展生产力，在经济发展的基础上，不断地提高人民群众的生活水平，实现共同富裕。共同富裕是社会主义发展的要求，也是人民群众的共同期望，而共同富裕的实现是建立在经济发展的基础上，没有经济的发展和财富的创造，共同富裕难以实现。常山县作为浙江省 26 个山区县之一，有"八山半水分半田"之称，自然禀赋并不具优势，发展的基础和条件差。但常山县委县政府高度重视经济社会发展和共同富裕建设，立足常山实际，做好山区县的文章，把资源优势、生态优势转化为经济优势、发展优势，有力推动了常山县的经济社会发展和共同富裕建设，走出了一条山区县共同富裕建设的路子。

一、常山县共同富裕建设的做法

　　共同富裕的实现依托长期的经验探索与现实实践，离不开各地自身特色的挖掘以及艰苦努力。在长期实践探索中，常山县打响"一切为了U"的特色品牌，弘扬"早上好"奋斗精神，着力发展"两柚一茶"特色产业。发挥好山区县的生态优势和农业特色产业优势，做好产业融合发展的文章，通过持续不断的创业创新，把经济发展起来，为共同富裕建设奠定基础。

（一）精深加工，全力打造"两柚一茶"产业链

常山经济最大的特色是"两柚一茶"。"两柚"指的是胡柚、香柚，而"一茶"则是油茶。常山打响"一切为了U"的特色品牌，其中最为突出的亮点产业便是"两柚一茶"。常山县深耕"两柚一茶"几十年，把"两柚一茶"产业逐渐培养壮大，成为全县的重要产业，成为共同富裕的有力抓手，其总产值已达到40亿元。

1. 深挖胡柚潜力，增强竞争力

常山县是"中国胡柚之乡"，全县胡柚种植面积为10.5万余亩，年产量达13万吨，占全县农业总产值的1/4。2022年常山双柚种植总面积为11.6万亩（其中胡柚10.6万亩），总产量12.5万吨（其中胡柚12.2万吨），年产衢枳壳原药材6000多吨，带动全县10万名从业人员增收10亿元以上，产业总产值达35亿元，同比增长20%。以常山企业艾佳果蔬为例，由艾佳果蔬统一收购柚农们种植的胡柚，收购价格相对较高，且这一价格不因市场行情的波动而变化。这解决了困扰常山县胡柚产业发展的两大难题：一是实现胡柚产业的规模化发展，胡柚品质提升；二是化解了柚农的后顾之忧，柚农能够靠种胡柚增收致富。胡柚产业对于农民增收、农民就业具有重要意义。

（1）注重胡柚的品牌价值，充分挖掘胡柚潜力。1998年，"常山

胡柚"证明商标获国家商标局批准通过，成为浙江省第一个农产品地理标志商标，也是第一个有意识加以培育的农产品区域公用品牌。随后，"常山胡柚"荣获中国驰名商标、国家地理标志产品等众多荣誉，为胡柚市场的拓宽增添动能。

（2）重视胡柚的精深加工。常山的企业如艾佳、柚香谷、天子果业等纷纷立足产品深加工领域，开发出胡柚汁、胡柚果脯等胡柚食品，并逐步向胡柚精油、胡柚面膜等高精尖方向发展。深加工的兴起，不仅能够给企业带来直接效益，还可以带动周边农户胡柚收购价格稳步提升，同时提高就业率，成为共同富裕的典型范例。

2. 深耕产业发展，提高产品知名度

作为"中国油茶之乡"，常山县是浙江省油茶重要产区，全县油茶种植面积达 28 万亩。2021 年，常山县油茶产量达 1800 余吨，油茶加工销售年产值超 3 亿元，油茶全产业链总值达 10 亿元，带动 5 万林农和从业人员增收致富。同时，常山县新昌乡油茶共同富裕综合体入选 2023 年第一批林业推进共同富裕试点任务名单。常山获评第三批全国农村创业创新典型县，入选全国农民合作社质量提升整县推进试点，获得"2020 年度浙江省新时代美丽乡村示范县"称号，列入 2021 年度省级乡村振兴集成创新示范建设县，入列全国农业科技现代化先行县共建名单。"常山三宝"品牌价值有效提升，胡柚入选中国农产品区域公用品牌，"衢枳壳"入选新"浙八味"，油茶和常山猴头菇均为国家地理标志产品，柚香谷成为第二批省级农村产业融合发展示范园。

特色农业产业的发展源于常山重视科研、善于充分利用各方资源并寻求合作。首先，常山强化校企"产学研"合作，与南京大学、杭州电子科技大学等高校科研院所建立战略合作，成功搭建 20 家院士专家工作站、13 家博士后（博士）工作站，柔性引进院士、专家 100 余名，涉及通信技术、智能化改造等多个行业领域，用"人才引擎"激活产业发展动能。此外，常山县还联合中国农业大学，创建胡柚碳账户，建立集碳排放自动核算、预警等功能于一体的碳排放核算系统，以种植面积50亩以上的胡柚生产主体为碳账户建设对象，全方位量化果园碳排放量。同时，常山还与浙江大学、浙江工业大学、中国农业科学院柑桔研究所（西南大学柑桔研究所）等高校院所建立合作关系，研发常山胡柚果酱、脱水常山胡柚果干等新产品，实现从种植到零售终端的全产业链发展。

3. 全力打造，"两柚一茶"产业融合升级

产业发展是经济发展的最强动力，也是经济发展的核心竞争力。常山胡柚、香柚、油茶组成的"两柚一茶"特色产业不断发展、持续升级，从研发新产品、拓展产业链，到一二三产业融合、拓宽致富路，切实造就了产业发展的路径。

（1）园区建设的集聚效应。近年来，"两柚一茶"（胡柚、香柚、油茶）特色农产品加工业坚持龙头带动、高端化精深加工发展，积极招引优强企业，不断培育壮大"两柚一茶"特色农产品加工制造产业集群，产业呈现集聚发展态势，已形成天子股份、柚香谷（恒寿堂柚果）、艾佳果蔬、常发、天道等规上企业6家，并和柚都生物、自然食品等精深加工企业组成农产品加工"雁型矩阵"。2022年，"两柚一茶"加工园区被认定为省级农产品加工园区。园区按照企业集中、要素集聚、产业集群、经营集约的布局思路，以县经济技术开发区新都片区内2平方公里左右的空间范围为载体，优化配置各类要素，形成"五片区"的"两柚一茶"特色农产品加工产业空间布局，实现"两柚一茶"加工制造产业集聚，完善产业链，连接供应链，提升价值链。

（2）三产融合的共富效应。常山在胡柚、香柚、油茶组成的"两

柚一茶"特色产业中，不断耕耘、深化研发、延长产业链。2022 年"中国·常山 U 系列的新品发布会"上，展示了 16 款新颖的"U"产品。从软糖、福饼等食品类产品，到面膜、卸妆油等美妆类产品，皆有涵盖，品种广泛。正因三产融合的不断发展，2022 年 3 月，在"芳村未来乡村会客厅"周边，百亩彩色油菜花盛开，近 1.6 万人次游客前来赏花寻油，带动农户增收 30 余万元。"两柚一茶"产业的崛起，也真正地让曾经的荒山变成了百姓走向共同富裕的"金山"。产业振兴、发展增效、百姓增收，"两柚一茶"产业的发展不可低估，也让常山在高质量发展之路上有了坚实的基础。

（二）结构调整，夯实"生态工业"发展基础

经济发展产业是基础，没有产业的支撑，要实现山区县的跨越式发展可谓是举步维艰。常山县及时转变发展思路，树立山区县绿色发展思路，把"绿水青山"转化为"金山银山"。工业制造是常山经济的"顶梁柱"，是常山实现追赶跨越、加快发展的"强引擎"。在工业方面，常山开展生态修复，坚定绿色发展道路，果断关停淘汰落后产能、改造提升传统工业、培育壮大新兴产业，促进生态工业融合发展。思路的转化，竞争力的提升，为常山县的可持续发展打下了坚实基础。

1. 关停淘汰落后产业

常山的碳酸钙产业发展历史悠久、产业基础雄厚。20 世纪 90 年代常山生产轻质碳酸钙的企业发展迅猛，使得常山成为华东地区具备碳酸钙产业发展优良资源和配套基础的县域，石灰石储量和品位均居浙江省首位，拥有金雄钙业、鑫雪纳米钙、南方碳酸钙等多家碳酸钙企

业。碳酸钙产业曾是常山一大支柱产业，2012年产值10亿元左右，其中轻钙占比超过50%。然而，工业带来的环境问题日益严峻。由于碳酸钙产业较为粗放，造成大气、水体污染，产业集中的辉埠镇也曾被称为"灰埠"。

为推动矿山由灰色经济向绿色经济转型发展，常山高效关停落后产能。2013年常山启动"蓝天三衢生态治理"工程。2018年，又启动轻钙企业整治，先关停、后拆除、再引资，计划在三年内实现钙产业转型升级。2019年4月，常山县整合经信、环保、法院等26个部门力量，组建8个攻坚小组，40多名组员无休奋战，10天时间就关停7家轻钙企业。之后，常山县又加紧推进拆除工作。拆后清理和土地复垦同步推进，整治与提升并重前行，钙产业整治取得了明显成效。2019年以来，为重见绿水青山，常山县共计投入资金1.85亿元，先后关停拆除129孔石灰立窑、201条碳酸钙加工生产线，关停淘汰轻钙企业16家，拆除建筑物约9万平方米，实现了轻钙企业全部关停的攻坚目标。昔日冒白烟的石灰窑以及荒土裸露、坑洼破碎的矿山开采区，通过"覆绿"的环境整治再提升，现已和石林景区融为一体。矿山修复卓有成效，当地绿色景观错落有致，波斯菊、翠菊、金露梅等打造的花境精致唯美，被称为"常山小瑞士"。

2. 培育壮大新兴产业

关停拆除并非整治的终点，常山县积极做好碳酸钙产业整治的"后半篇文章"，扭转经济发展龙头，培育壮大新型产业，加速推进产业转型升级，发展生态旅游，走稳一条共富之路。

（1）引进企业，打造先进项目。常山县打造高端产业园，鼓励原有企业参与，引进3家以内行业领先的轻钙及其下游企业，年产值接近12亿元，年利税约3亿元，超出过去碳酸钙产业整体规模。关停的浙江常山金雄有限公司，已与全球知名的新加坡纳米材料科技有限公司开展深度合作。企业近些年投入 3000 余万元用于技改，和新加坡纳米材料科技有限公司成为业务伙伴，对方决定以技术和资金入股，共同投资约 3 亿元，打造轻钙全产业链项目，既生产前端的纳米碳酸钙，也生产后端的高端塑料、橡胶原料。不仅如此，还有 10 余家国内外企业有意向来常投建高端钙产业项目。例如，2016 年 3 月新华能源股份有限公司入驻，引进投资 1.15 亿元、年产 80 万吨的新型冶金石灰生产线项目。该项目通过采用麦尔兹窑等先进的新型石灰窑生产装置，有效实现石灰钙产业整体跨越。

（2）循环经济，打造特色小镇。常山利用关停后的有限空间能耗，吸引新的绿色产业进驻辉埠新区，促工业转型，着力打造循环经济产业。其挖掘和利用废弃矿地资源，将矿山治理与土地复垦、矿地景观打造、植被恢复相结合，进行自然景观创意设计，最大限度地发挥废弃矿山的潜在价值，致力于打造产业特色明显、人文气质彰显、综合效益凸显的特色小镇——未来"江南钙谷"小镇。一个以"钙"为核心，以钙产业提升、钙文化展示、钙景观旅游为特色的小镇正在形成。

3. 改造提升传统工业

常山是浙江轴承制造起步最早的地区之一，其轴承产业起步于 20 世纪 60 年代。通过半个多世纪的艰苦发展，常山轴承产业形成一定优势，轴承品种比较齐全，中大型轴承套圈毛坯锻造初具规模，机器换人、数字化改造、"互联网＋"等方面有示范企业，拥有多个省市级技术中心和研发中心，诸多企业开展了质量管理体系认证工作。但同时，矛盾和问题也比较突出，低档轴承生产局面没有根本改变，普通轴承产能过剩，转型升级任务艰巨，工程技术、企业管理、营销等人才与现代企业发展不相称。而常山及时推进传统工业更新改造升级，通过实施产业延链、补链、强链专项行动，开展轴承产业攻坚和"十链百企共生"行动，串起县域产业链、实现内循环，推动产业集聚发展、产业规模倍增。

（1）精心的政策服务。常山出台"工业新政20条"、轴承新政等惠企政策，并成功入选省制造业高质量发展结对促共富示范创建名单，获3亿元财政专项激励。而且针对"链主型"企业及"专精特新"企业建立重点企业培育库，动态监测、精准服务等，为本地高端装备零部件等主导产业"强筋健骨"。2022年，产值超亿元工业企业48家，新增规上工业企业（含小升规）21家，入选省"专精特新"中小企业名单7家，纳税超亿元企业增至5家，通过浙江制造"品字标"认证企业9家。

（2）精密的项目招引。常山坚持项目为王，近年成功引进亿元以上制造业项目21个，尤其是先导三期、斯凯孚二期和总投资65亿元的华创铜箔项目落地。例如，斯凯孚常山项目一期于2017年8月落地常山，2019年4月建成投产；二期项目于2022年正式启动，2023年5月竣工投产。项目全面达产后，轴承年产能将突破4000万套，企业年产值增加10亿元以上。斯凯孚集团的进驻，补上了常山轴承产业缺乏高端品牌的短板，持续拉动整个产业迭代升级，带动了当地轴承锻、车加工企业的发展。

（3）精准的数字改造。常山各轴承企业立足既有优势，依托科技投入和新设备研发，不断拓宽行业数字化发展路径。2022年，常山轴承产业数字化改造总投资11亿元、新增生产线23条，拓宽了轴承产业数字发展之路。后续常山轴承产业将在提高产品自制力、提升数字化水平、加强生产线模块化生产等多方面进行持续优化革新，展现强大发展后劲。常山借此加快轴承产品向高端化、生产工艺智能化、生产流程数字化推进，逐渐实现了轴承产业的"二次崛起"。

（三）多元拓展，开辟村集体增收渠道

共同富裕的发展，既要富民，也要强村。没有村集体经济的发展，没有村集体经济的支持，共同富裕难以保障。在乡村振兴过程中，常山县始终重视村集体经济的发展，把富民和强村结合起来，千方百计增加村集体经济收入，为乡村振兴提供支撑。

1. 打造未来乡村有广度

常山县聚焦共同富裕时代命题，围绕未来乡村建设主题，创新"经营主体＋村集体（强村公司）＋农户"模式的共富果园，组建两山合作社，将共富果园结合两山合作社，构建土地入股、劳务参与、产品购销、利益分配的新型利益共同体，实现机制赋能，建设共富农业。

（1）建设共富果园改革平台。以强村富民为根本，以油茶集团为主体构建"经营主体"＋"两山合作社"＋"村集体＋农户"紧密联结机制，形成土地入股、劳动关系、产品购销、利益分配等新型利益互惠共同体，规模化流转油茶林，建设共富果园。发展立体种养，2022年开展油茶林下复合经营1000亩以上，亩均效益超过5000元，带动村民家门口就业。如新昌乡黄塘村集体统一流转300亩油茶林，林下种植生姜、黄精等作物，通过强村公司、浙能集团等平台进行销售，打通市场链。借力省林学会常山服务站，加强技术合作，提高农林产品附加值，产值突破300万元。

（2）成立两山合作社。常山县全面推进生态文明建设，大力实施"两山"转化行动，聚焦县域生态资源转化通道窄、效率低、效益差等关键问题，通过组建两山合作社，深入探索生态产品价值实现机制，将其打造成为"资源集聚、资产交易、招商对接、融资增信、生态

反哺"的综合性平台，打通了生态资源高效转化的便捷通道，使其成为共同富裕的"桥"和"船"。两山合作社对于当地的共富事业发展具有重要意义，其拓宽生态资源转化为资本、资金的低碳化路径。一是效益显著。以农业产业投资银行、生态资源储蓄银行、低效资产招商银行、文化资源开发银行、有偿权项变现银行"五大行"为目标定位，推出 14 类产品，为 213 个经营主体实现"生态贷"1.8 亿元，为176 个行政村实现增收 1701 万元。推动水泥企业与两山合作社达成 2万吨原煤指标有偿使用交易协议，以市场化手段促进能源要素优化配置。2021 年以来通过两山合作社联合强村公司，整合零散土地，通过标准化开发、规模化建设及运营，全县已建成 30 家共富果园，涵盖 18种农产品，累计收益 2788.9 万元，带动农户就业 4948 人，其中低收入农户 1237 人，人均增收 8886.4 元。截至 2021 年底，财金企联动背景下的中小企业担保有限公司携手两山合作社已累计为县域 255 家"三农"主体提供了 24 亿元增量贷款担保，带动新增就业岗位 162 个，新增利税 1482 万元。截至 2022 年底，两山合作社已为 1038 户主体授信48100 万元，发放生态贷 47900 万元，为 176 个村集体增收 5844 万元。二是传播价值大。两山合作社常山模式向全国发布，相关改革入选省级乡村振兴典型案例，获 2021 年度浙江省改革突破奖，被评为中共浙江省委党校（浙江行政学院）现场教学基地，"常山生态云脑"应用纳入数字政府"一地创新、全省共享"试点等近 20 项荣誉，经验做法多次在省市重要会议作典型发言。相关做法被陕西、山东等地复制推广，获得《农民日报》《经济日报》《浙江日报》等官方媒体的宣传报道。

2. 建设美丽乡村有精度

常山在新时代美丽乡村建设中取得较为显著的成效。青石镇、东案乡、天马街道获评美丽城镇省级样板，浙西门户、文昌阁风貌区获评省级样板。芳村镇园区新村、同弓乡彤弓山村、球川镇后弄村、金川街道徐村村创成省级未来乡村，何家乡樊家村列入中国传统村落。路域环境整治全面推进，整改问题点位707个。全面推行河长制、林长制，完成中小河流域综合整治25公里，新增造林5000余亩。

（1）注重资金投入，打造乡村风貌。2022年常山县累计安排县级以上资金1.67亿元，用于新时代美丽乡村建设。2022年县级土地指标共640亩，其中，用于美丽乡村建设、美丽产业用地保障比例达50%以上。而这些行动极大地推进了美丽乡村高质量发展，新增省级新时代美丽乡村示范乡镇2个、特色精品村4个、星级农村公厕20座。诗画风光带加快打造，14个重点项目完成投资25亿元，"柚都石镇·共富先行"入选省级新时代美丽乡村共同富裕示范带。

（2）培育"宋诗之河"，打造特色风景线。常山开展文化基因解码，融入宋韵文化传世工程，加快建设赵鼎考古公园、黄冈生态配套，打造龙绕溪美丽产业研学示范带，串联石博园、三衢石林、梅树底等精品旅游路线，力争实现泛研学旅行80万人次，旅游业增加值增长7.5%。常山"宋诗之河"诗画风光带打造三条共富风景线，每一条风景线依托独有的特色，发展共富的产业以及文化。一是十里长风风景线。主线全长4.5公里，线路串起"渣濑湾村—徐村村—樊家村—江源村—长风村"，是一条集乡村观光、滨江赏竹、禅意修养、渔家乐为一体的美丽风景线。二是艺石时空风景线。位于县城东郊，全长18公里，串起"砚瓦山村—马车村—溪口村"，依托青石镇中国青石花石之乡、常山胡柚"祖宗地"、国家AAAA级景区镇的丰富文化资源，结合中国观赏石博览园、东方巨石阵等网红景区，打造以观赏石文化为主题的精品养生度假风景线。三是油茶大道风景线。位于芳村镇、新昌乡，串起"芳村未来乡村—郭塘村—达塘村—黄塘村"，以国家油茶公园为依托，以油茶文化为内涵，以风情体验为特色，构建以"油茶"为文化主题的旅游体验产品，是一条环境优美、和谐富裕、特色鲜明的宜居、宜游、宜业的美丽乡村风景线。

（3）依托特色文化，打造文旅品牌。常山充分依托村庄特色和人文优势，组织开展乡村旅游研学、传统农事体验等系列村野活动，重构社群空间，激发共建共享新动力，打造具有辨识度的乡村文旅品牌。如芳村未来乡村以水上郊野为主题，以透明心舟、攀岩拓展、汽车影院、轻奢露营、户外泳池、田园研学为内容，打造独具湿度气息的"田野＋水上＋影院"三位一体的休闲体验打卡处。2022年已吸纳研学农师3名，开放共富摊位15个，发展农家客栈2家，农户承接研学游客体验农耕活动共30余场，累计助农增收30万元以上。同心未来乡村结合"二十四节气游乡村"等活动，每年举办晒秋文化节，并成功举办中国首届荷文化节，其中金色同弓田园综合体学农基地入选浙江省中小学劳动实践基地（第三批）暨学农基地名单，累计接待各类团队共20余批次，5000余人次。樊家实验区酷暑时节，沿江公路上自发形成夜经济，每日有1000余人集聚。2022年9月举办"常U丰收喜迎盛会"，通过活动展览，销售特色农产品和文旅产品等为村集体经济增收6万余元，累计助农增收10万元以上。

3. 保护历史乡村有深度

历史文化作为乡村重要的资源，其具有不可替代的史学价值和文韵底色。常山在保护乡村的历史文化底蕴方面具有特色和亮点。

（1）以保护为基础。全面推进历史文化重点村建设，完成第八批历史文化重点村——泰安村项目建设，通过两山合作社对村内15栋闲置民房资产入股，引进上海秦森公司，建设主题民宿群，带动泰安村整体经济良性发展，形成旅游产业链，实现旅游资源的价值最大化，预计将带动 20 余户农户每年增收 30 余万元，村集体每年增收 10 万元。

（2）以利用为导向。第十批何家乡樊家村围绕"一条线、一台戏、一个基地"三大主题，突出做好"保护＋利用"文章，使之成为"乡愁访古"的首站地。结合现有樊家村廉礼文化，整合未来乡村建设资金，对古建筑进行了修缮利用，对名人故事进行了整理展示，一年接待廉政文化教育游客 4000 余人。

（3）以文化建品牌。把挖掘和弘扬传统特色文化作为乡村建设的重要保障。芳村镇芳村村把"宋韵文化"作为最大卖点，对芳村老街进行了改造，布置了方腊纪念馆，建设宋文化主题高端民宿 2 家，箍桶、打铁等传统手工业重新在老街布置。第十批一般村后弄村则利用传统的红色文化，建设了红色纪念馆、红色餐厅等，新晋为常山县革命教育基地。彤弓山村高品位建设农业文化，成为农事体验、农业观光的网红打卡点。渣濑湾村把宋诗文化作为镇村之宝。徐村村深入挖掘以院士黄荷凤为代表的知青文化。

（四）惠企利民，优化整体营商环境

营商环境关乎一个地方的企业数量与创新活力，而常山秉持"一切为了 U"的核心理念，在营商环境的全面优化方面则有其独到的方案与做法。"一切为了 U"其中一层含义便是"一切为了你"，此处指代的对象可以是受惠的企业与民众。正是在优质的营商环境中，常山吸引了众多项目落地于此，在多个领域实现了新的突破。例如，全市首个纳入国家级交通规划的常山江航电枢纽项目顺利开工；总投资 90 亿元的华创铜箔项目作为全市唯一代表在省集中签约仪式上成功签约并落地；引进天马股份，实现上市公司零突破；先导精密、环宇轴承 2 家企业入围工信部专精特新"小巨人"，成功实现破零。总之，在常山优质的营商环境中，吸引了众多的项目，惠及了诸多的企业，从而带动了就业市场的灵活运作，使得发展成果更普遍地惠及更多民众，助推了常山共富之路的发展进程。

1. 政策服务精准落实，提供最优指导

常山县对标全省"5＋4"政策体系精准直达要求，梳理惠企政策248条，兑付资金6亿元，受惠主体达2157个，其中免申即享、即申即享政策204条，占比82%。精准服务全面推进"互联网＋政务服务"，实现县乡村三级全覆盖，一网通办率达98.5%。推进政务服务"好差评"工作，政务服务好评率达99.9%。

（1）主动对接企业，强化服务指导。深入开展"常青藤"驻企服务行动，创新"亲清健康加U站"。创建药械企业联系群，方便企业有问题快速询问，群内及时解答指导企业疑难，精简业务流程，行政审批"马上办、网上办、就近办、一次办"，实现企业最多跑一次。2023年以来，累计办结药械许可备案业务29件，接受许可备案咨询59次，开展许可备案现场检查17家，专业精准服务获药企锦旗感谢。企业问题协调解决率达99%以上，为企业减负降本7.7亿元。

（2）减少重复检查，强化信用监管。加强和规范事中事后监管，切实减少重复检查，减轻企业负担。建立完善全县药械领域企业信用记录。对违法企业重点关注，加大检查频次；对检查情况良好、信用风险低的企业无事不扰。2023年以来，对全县199家药械企业推进信用风险分类管理，其中高风险企业9家，低风险企业171家，中高风险企业19家。

（3）推进"放管服"，强化市场秩序。做好企业帮扶指导工作，在开展许可现场核查时将检查要点与法律法规宣贯相结合，对企业经营管理等进行系统完善的现场指导，促进企业落实主体责任，增强企业遵纪守法意识。以深化"放管服"改革为抓手，推动形成筑巢引凤、近悦远来的良好氛围，为地方医药经济持续健康发展作出应有贡献。

2. 法治服务精细务实，保障合法权益

常山县成立营商环境法治服务综合体，"面对面""零距离""一站式"为企业和企业家合法权益保障提供法律服务。综合体 2022 年 5 月成立以来，累计收到民商事案件 900 余件，诉前化解率达 60% 以上，案件审理天数同比缩短 9 天，为营商环境的优化升级打下了坚实的法治基础。

（1）一中心辐射周边重点企业。综合考虑县域内各重点企业所处坐标点位，以打造"一刻钟"涉企法律服务圈为基本导向，规划选取县经济开发区为服务坐标原点，建设营商环境法治服务综合体，向周边辐射坐标系内所有重点企业，形成"一个中心、多个节点、全面覆盖"的服务网格，确保企业不出园区即可办成事、办好事。

（2）六区块归集法律服务力量。集成公检法司、行政执法等单位涉企法律服务职能，实体设立民营经济司法服务保障中心、检察室、公共法律服务分中心、亲清助企工作站、"1+5"执法队、劳动人事仲裁六大功能区块，共涵盖司法服务、综合警务、法律咨询、民商事仲裁、公证服务、民商事调解、涉企行政执法等近 40 项服务事项，派驻各领域人员力量 20 余名，实现跨部门、跨条块、跨领域涉企法律服务事项统一调度、专业服务。

（3）全闭环响应企业法律需求。实施涵盖"收集、交办、反馈、评价"的全过程、全闭环企业法律需求快速响应机制，依托热线、平台、窗口受理等形式收集企业需求，对企业涉法诉求进行梳理分类，根据职能所属交办，办理完成后及时反馈企业，事后及时回访企业，切实做到企业有诉求、部门有回应、过程有跟踪、成效有评价、服务有提升。截至 2023 年 4 月，已解决企业各类诉求 30 余件。

（五）人才赋能，激活县域发展活力

人才是推进共同富裕、促进乡村振兴的重要动力。常山全面落实人才新政"二十八条"，率先实体化运作人才发展集团，举办"常山英才"高层次人才创新创业大赛，出台新"希望之光"专家团队扶持保障政策，已培养本土紧缺技能人才 3800 余人，入选国家引才计划 3 人、省万人计划高技能领军人才 2 人，均排名全市第一，助力人才赋能县域发展。

1. 建设人才发展集团

作为山区 26 县之一，常山面临引才难，尤其是高端人才留在常山意愿不高、企业与人才对接路径较少等问题，直接影响企业生存和发展，并制约了山区县高质量发展。为此，常山县成立以人力资本运营为产业的国资公司，旨在打造"一站式"人才服务平台，这是常山县运用市场化手段开发和配置人才资源的创新。集团设立"人才集聚、平台运营、创新基金、教育培训、综合服务"五大核心板块，集成化、市场化、专业化推动科技人才优势转化为产业优势、发展优势，为党政机关、企事业单位、社会组织提供人才猎聘、劳务派遣、人事代理等人才中介服务，为各类人才及其子女在教育、医疗、就业等各领域提供即时、高效、精准服务。同时，打造总面积 9000 平方米的"1＋N"高层次人才服务综合体，以集团为核心，多点布局"新都里"人才活动中心、四省边际职教中心、人才驿站、人才公寓等服务阵地。此外，为更好发挥市场作用，常山人才发展集团按照企业人才需求，与国内优质资源合作，联合成立多个子公司，助力常山建设高素质人才队伍。集团还将探索成立常山省际工匠学院，吸纳四省边际职业教育资源，定向培养企业急需的技能人才，全力打造四省边际职业教育"新高地"。

2. 创建人才交流合作机制

常山举办科技创新和人才工作大会，集中开展院士入企洽谈、产业发展研讨、科技特派赋能、专家组团帮扶、人才项目打擂等子活动，推动大咖云集常山、科创智汇常山。共有4个院士团队78名专家代表汇聚常山，聘请10个产业高质量发展博士智囊团，助推7家企业开展校地和科研项目合作，4家企业与院士团队对接帮扶。此外，依托"科技人才周"活动，常山主动当好高校与企业的"红娘"，搭桥重点企业与浙江大学、南京大学等高校院所共建技术转移中心、研究中心，将制约瓶颈、关键技术通过"项目打包"形式委托研发，借才输智推动企业转型升级。如联合浙江大学共同成立浙大常山现代农业发展研究中心，集聚10余名博士重点帮扶两柚产业，推动龙头企业获得省市级科研立项6个。

3. 利用乡贤人力资源

2020年以来，常山共落地乡贤回归项目42个，总投资约46.56亿元，分别占当年全县项目总数和总投资额的58%和52%。同时，在建的乡贤项目总投资近120亿元。全县共有各领域乡贤3100余人，近千名乡贤带着项目、资金、人才、信息，回馈家乡、回馈乡村，活跃在现代农业、数字经济、健康养老等新兴产业领域，有效助力当地农民增收。乡贤们以各种方式投身乡村振兴，为常山县域发展注入新动力，不仅体现在产业发展上，还蕴含在"领头雁"的治理体系中。一方面，产业项目有新发展。近年来，常山县积极回请在外优秀青年返乡就业创业，充分发挥他们有情怀、有资源、有能力的特点，通过扎根农村、拼闯实干，带领村庄蝶变。金川街道徐村村回乡投资的乡贤叶国富，出资在徐村村建起了 200 亩的"花海"基地，借此举办了"紫薇花海泼水季"活动，共吸引游客 10 余万人次，拉动消费 1000 万元，带动创业青年回归和村内文旅产业发展，成为一条共富的风景线。另一方面，基层治理有新动力。2017 年，常山县村社组织换届，绘制在外人才地图，推出了"请贤六招"，动员在外创业有成、德才兼备的乡贤回村参选，密切乡村与乡贤、乡贤与乡亲的情感联系，有 128 位在外优秀人才表示将回村参选"一肩挑"人选和村两委干部。在常山县村社组织换届试点乡镇（街道）村社换届工作中，22 个行政村共有 18 位乡贤能人高票当选"一肩挑"人选。

二、常山县共同富裕建设的成效

经过改革开放 40 多年的发展，常山县的经济社会发展取得了显著成效，无论是经济总量，还是居民收入水平都有了明显的提高，城乡发展、居民收入水平都有了明显的改善，共同富裕和全省保持同步，共同富裕建设有了坚实的基础。

（一）城乡收入新增长

共同富裕的成果共享最终体现于人民收入水平的提高和生活质量的改善。我国发展最大的不平衡是城乡发展不平衡，最大的不充分是农村发展不充分、农民发展不充分。对此，2022 年《中共浙江省委浙江省人民政府关于 2022 年高质量推进乡村全面振兴的实施意见》明确提出："促进农民农村'扩中''提低'，推动农民农村同步迈向共同富裕。"自2021年5月20日中共中央、国务院正式印发《关于支持浙江高质量发展建设共同富裕示范区的意见》以来，常山县经济社会发展迅速，县域竞争力不断增强，显著体现在城乡居民收入的提高以及城乡居民收入差距缩小两个方面上。

1. 经济总量破大关，产业结构得到优化

近年来，常山县围绕"一只果、一张纸、一方石、一片芯、一滴油"的"五个一"产业，由县委、县政府主要领导担任"五个一"产业链"总链长"，每条产业链由一名县领导担任"链长"，加强对五大主导产业发展的组织领导和统筹协调，加快推进现代化产业体系建设，促进经济飞跃发展。如表2-1所示，2022年常山县地区生产总值首次突破200亿元大关，实现全县地区生产总值200.60亿元，同比增长4.1%。分产业看，第一产业增加值9.18亿元，第二产业增加值90.60亿元，第三产业增加值100.82亿元，分别同比增加6.5%、5.9%、2.4%。三次产业增加值结构为4.6∶45.2∶50.2。人均地区生产总值为76565元，比上年增长3.5%。2022年常山县实现财政总收入26.56亿元，同比增长7.2%。其中，一般公共预算收入为16.6亿元，同比增长10.7%；一般公共预算支出为67.94亿元，同比增长10.4%。城镇化率在近五年逐年上升，在2022年达到51.1%。

表2-1　2017~2022年常山县地区生产总值及产业构成情况　　单位：亿元

年份	全县地区生产总值	第一产业增加值	第二产业增加值	第三产业增加值
2017	127.40	8.38	53.67	65.35
2018	140.42	7.91	59.99	72.51
2019	150.37	8.00	63.02	79.35
2020	160.15	8.33	67.69	84.13
2021	187.58	8.30	85.41	93.87
2022	200.60	9.18	90.60	100.82

资料来源：历年《常山年鉴》。

2. 城乡居民收入水平稳步提高，收入差距逐渐缩小

在疫情冲击等多重压力下，常山县 2022 年度三项收入指标在全省排名前列。如表 2 - 2 所示，2022 年，全县城镇常住居民人均可支配收入 49442 元，同比增长 6.0%，增速排名全市第一，山区 26 县第二，全省第三；农村常住居民人均可支配收入 28996 元，增长 7.8%，排名全市第二，山区 26 县第九，全省第十三；低收入农户人均可支配收入 17326 元，增长 17.1%，排名全市第二，山区 26 县第七。村集体总收入 2.21 亿元，增长 35.64%，位列衢州全市第一，其中经营性收入 50 万元村占比 58.33%。

表 2 - 2　　2017～2022 年常山县城乡居民人均可支配收入变化情况　　单位：元

年份	城镇常住居民人均可支配收入	农村常住居民人均可支配收入	城乡居民收入倍差
2017	33539	18317	1.83
2018	36423	20184	1.80
2019	39654	22149	1.79
2020	41890	24033	1.74
2021	46653	26901	1.73
2022	49442	28996	1.71

资料来源：历年《常山年鉴》。

城乡居民收入倍差逐年下降，反映了城乡收入分配差距有所缩小。常山县通过实施一批绿色产业项目推动城乡共同富裕，促进一二三产业融合协调发展，产业布局进一步优化，单位 GDP 能耗完成上级下达的年度工作目标，基本形成绿色生态格局和绿色产业格局。2022 年，全县农林牧渔业总产值同比增长 6.7%，增幅位列全市第一。特色农业加快发展，《全链发力打造胡柚产业推动农业一二三产融合发展》在全省农业高质量发展大会上作为典型发言，柚香谷"双柚汁"入围浙江省第一批"263 共富农产品"名册。有利于资源节约、环境保护，联

动提升现代农业、制造业和现代服务业发展水平的现代产业体系逐步形成，财政资金撬动社会资本参与绿色发展的规模不断增加。农业信贷"10＋1"试点为全县255家"三农"主体提供担保2.4亿元，业务量居全市第一。

据相关数据，截至2023年5月，常山已完成30个"共富果园"创建，累计带动农户增收1490.6万元，村集体经营性收入平均增收54.6万元；全县2467名干部结对8280户共10602名低收入农户，累计走访帮扶8.2万余次，人均帮扶1328元。除此之外一系列共富项目的创建共同推动了城乡收入差距的减少。

（二）城乡建设稳步发展

城乡是在互动互促、互惠互利中得以和谐发展的。发展农村经济、增加农民收入和提高城镇化水平，是改变城乡关系的重要内容。近年来，常山县始终坚持全域统筹，在推动城市基础设施建设完善的同时也将发力点放在乡村环境、乡村产业建设上，城乡风貌加速蝶变。

1. 城市更新提级扩容，城市的基础设施得到了改善

城市是经济文化的中心，经济发展的过程就是城市化、现代化的过程。按照城市化发展的要求，常山县加大了城市基础设施的建设，逐步弥补了经济发展和公共服务滞后的矛盾，加快了城市化发展的进程。

（1）城市的面貌得到改进。城市赋能纵深推进以县城为重要载体的城镇化建设，统筹提升城市格局、品质、形态，致力打响山水公园城市品牌，拓展城市格局。高质量完成国土空间总体规划，高水平编制山水公园城市总体设计，高标准完成中心城区停车、教育布局等专

项规划。截至 2022 年 1 月，累计投资 79.5 亿元，完成城区道路"白改黑"、滨江人行景观桥等 58 个重大项目，改造提升 13 个老旧小区，城镇化率提高到 51.1%。狮子口片区征收全面完成，旧城改造"三年行动"乘势推进，渡口未来社区精彩亮相，"一江两岸"格局聚势成峰。划定"三区三线"，优化城镇开发边界，新增城镇建设用地 5.23 平方公里。

（2）城市的品质得到了提升。为加快推进文化地标项目建设，常山积极推进文化博览中心完成传媒中心、档案馆、规划馆、博物馆等建筑的主体施工建设。截至 2022 年 11 月，文化艺术中心已完成总工程量的 60%；全民健身中心完成验收，即将开始试运营；新型文化综合体项目已开工，预计年底完成地下部分施工；泓影文创园一期投入使用，二期项目策划建设，计划打造以"越剧＋""网红＋"为导向的浙西文化创意产业高地。以"宋韵"文化为依托，政府着力推进北门历史文化街区、宋诗之河之"赵鼎考古文化"等重点文化项目，进一步提升城市品位。

（3）城市的交通条件得到了改善。城乡交通网络设施建设进一步给人民出行带来便利，也促进区域间经济贸易往来交流增多。衢九铁路开通运营，48 省道延伸线、320 国道"二改一"、351 国道等项目相继建成，沿江公路、淳常公路全线贯通。总投资超 90 亿元的常山江航运开发工程成为全市首个列入国务院规划交通项目，衢黄高铁成功纳规。截至 2022 年 1 月，新改建农村公路 238 公里，城乡公交迈入"2 元一票制"时代，群众出行实现"同城同待遇"。

2. 美丽乡村建设稳步推进，农村的面貌得到全面的改变

随着农民收入的快速增长、城乡发展的不断融合，农民群众对村庄整治建设和农房改造建设的要求，已经从过去希望有宽敞的个人住房、洁净的村庄环境提升为希望有优质的公共服务、良好的人居环境和品质生活。常山县紧盯创建省新时代美丽乡村示范县这一目标，坚持点线面整体推进，硬件改善与软件提升双管齐下，争创共同富裕示范区县域典范。

（1）加快美丽乡村建设。组团打造樊家实验区、黄冈、徐村、渣濑湾村、辉埠村等一批精品村，起到串珠成链的效果，成为常山县美丽乡村建设的集中展示窗口。辅之香柚产业园、金色同弓田园综合体、"农光未蓝"一期项目等农旅项目，成为常山展示产业融合发展的典范。截至2023年8月，已建成3个新时代美丽乡村特色精品村、24个新时代美丽乡村达标村和25个农村公厕，第八批历史文化村落泰安村已通过竣工验收。

美丽乡村建设，首当其冲的是全力攻坚提环境。以农村人居环境"月月评"工作为抓手，开展"人居环境最美村""人居环境最脏村"等评定，根据"月月评"考评结果将农村垃圾治理资金70%按人口因素补助，30%按保洁水平实行竞争性分配，并设置单项奖励，充分调动村级工作积极性。与此同时，农村厕所革命的工作机制也得到进一步优化从而更好地服务群众。此外，常山县在全市首创"六统一"模式打造杆线全域"无线美"，完成《通信基础设施专项规划》，制定《关于进一步规范常山县通信基础设施（杆线）建设及迁改工程方案》，力争通过3~5年逐步完成全县杆线整治。2022年底已完成芳村—新昌"油茶宋镇"县域风貌样板区、东案S211省道东龙线、48省道青石—砚瓦山段杆线整治工作。

（2）推进未来乡村建设。常山县以"锦绣山川，宋韵常山"为主题，按照"一轴一心、三区两带多点"的总格局，融合推进城乡风貌整治提升和未来乡村创建，倾力打造浙西门户大花园。实施芳村、同心、后弄、徐村、樊家、渣濑湾6个未来乡村建设。芳村未来乡村已准备省级验收，樊家未来乡村实验区、同心、徐村、后弄、渣濑湾未来乡村完成进度100%。

围绕未来乡村建设主题，常山县聚焦"农民共富"时代命题，创新"经营主体＋村集体（强村公司）＋农户"模式的"共富果园"，构建土地入股、劳务参与、产品购销、利益分配的新型利益共同体，争创省级未来乡村建设典型案例。如彤弓山片区建设"莲心湾"荷虾混养特色农业产业，举办了中国首届荷文化节，利用闲置农房改造高端白金民宿1家、普通民宿28家，床位352张，有力促进了村集体增收和农民增收。芳村镇园区新村片区利用"油茶原乡"的传统优势，新建油茶古法榨油展示中心，发展成为颇具特色的研学基地，截至2022年底，芳油中心累计销售油茶3万余斤，带动60余户增收；彩色油菜＋稻鱼共生的农业产业、芳菲渡露营基地已具一定规模，芳厨中心成功招引运营商，采用"强村公司＋企业运营＋农户参与"模式，约定每年企业到未来乡村辖区内农户定向采购累计不低于15万元的农副产品，强村公司分红每年不低于10万元。樊家实验区完成食用竹"金果园"与青大豆、白茶、羊肚菌"银果园"创建工作，2022年销售豆肉近6000吨，同比增长10%以上；销售白茶3.2万斤，带动1200名村民季节性就业。徐村村以举办节庆活动作为村集体和农民增收的主路径，由忕野THAI TEA户外露营地公司运营，已承办各类露营、私人派对、公司团建、沙龙、年会、户外婚礼等活动30余场，平均每天收入5000余元。渣濑湾村引入腾云模式，将空闲的12余幢民房统一改造成高端民宿，通过与省、市旅行社协会进行战略合作，推动乡村旅游产品的多元化，引领和带动二次消费，预计可带动村集体增收500万元，民宿合作户每年可获得房租和管家服务收益5万余元。

（3）打造诗画风光带。打造"宋诗之河"文化带，以万亩胡柚、万亩稻田、万亩竹林为形，以招贤古镇、定阳古街为体，谋划建设万寿古寺、赵鼎考古公园、宋诗文化公园"一寺两园",加快"文化旅游博览中心"建设,着力引进魅力风情驿站、知名高端酒店等,植入民俗、节庆、赛事等活动,建设钱塘江诗画风光带最佳体验段,展示"千里钱塘江,最美在常山"的景象。

根据诗画风光带各段的不同资源禀赋,沿常山江布点开展新时代美丽乡村建设,聚力打造"一带三段"个性化景观。截至2022年底,沿线14个重点项目完成投资25亿元,投资比例105%;举办"与夜相拥U玩一夏"常山徐村嘉年华、何家农民丰收节、"UU"音乐节三项活动;"一县一园""农光未蓝"产业园项目完成投资3000余万元。截至目前,已完成诗画风光带何家乡段"餐饮旅游观光带"、3000亩食用竹、"江水伴花海带"以及青石、招贤段的"美丽乡村风光带"项目建设,成为独具胡柚景观的特色沿线风貌,成功推动农村变景区。

(三) 加快了公共服务的共享水平

基本公共服务是保障全体人民生存和发展基本需要、与经济社会发展水平相适应的公共服务。推进基本公共服务均等化,增强基本公共服务均衡性和可及性,就是由政府承担保障基本公共服务供给的主要责任,实现基本公共服务目标人群全覆盖、服务全达标、投入有保障,地区、城乡、人群间的基本公共服务供给差距明显缩小,在全社会实现幼有所育、学有所教、劳有所得、病有所医、老有所养、住有所居、弱有所扶。2022年,常山县全年民生支出46.7亿元,占一般公共预算支出的68.7%,为历年最高。教育"两创"工作顺利推进,普通类高考一段上线率达71.1%,225名考生分数超"211"高校录取分数线,义务教育段民办学校转公办全面完成,一乡镇一公办幼儿园实现全覆盖,"文峰书香教育奖励基金会"成功设立。"两校"融合步伐加快，常山技工学校建成投用。县人民医院入选国家卫健委首批"千县工程"名单，县妇保院完成二甲医院省级现场评审。与浙江中医药大学、浙江大学医学院附属第一医院、新华医院开展紧密合作，高分通过全国健康促进县省级评估。常山县在全国率先实施肺结核"双免"政策，发病率同比下降10.1%。"无障碍"设施覆盖城乡，入选全国农村公共服务典型案例。

1. 教育改革推动地区长远可持续发展

教育事业是关乎地区可持续发展的长远大计。长期以来，由于办学底子薄，师资力量弱，优质生源流失，教育发展质量一直是常山县老百姓的"心头之痛"。近年来，常山县政府紧扣"高效率推进、高质量落实"总要求，以促进教育优质、公平、均衡为主题，全力破解事关教育改革的难点问题，让人民群众在共建共享中增强获得感、提升满意度。2016年常山县的教育质量在衢州市相对滞后，其发展成效在2022年有所体现，教育综合考核排名进入了全市第一方阵。常山县在助力创建义务教育均衡发展县的过程中采取了以下措施以促进城乡教育优质均衡发展。

（1）加大教育经费投入。将义务教育和学前教育经费全部纳入县财政保障范围，确保教育经费"两个只增不减"。全县义务教育段在校生均一般公共预算教育支出同比增长幅度呈现逐年上升趋势，2018年较2017年平均增长7.39%，2019年较2018年平均增长7.16%，2020年较2019年平均增长14.86%，2021年较2020年平均增长12.32%。特殊教育生均公用经费达到8500元，不足100名学生的农村完全小学和教学点按100名学生核定公用经费，普惠性幼儿园生均公用经费奖补标准从80~500元提升至500~950元。2019~2021年常山县财政性教育经费投入分别为7.66亿元、8.84亿元、12.14亿元，真正做到

"穷财政办富教育"。

（2）加快教育布局调整。通过"搬、撤、调"等举措，缩小城乡、校际办学差距，推动学校布点更加合理，办好老百姓家门口满意教育，提升了常山县教育发展活力。近年来，常山县投入近3.9亿元，先后新建芳村、同弓、五里3所农村小学，改扩建龙绕初中等10所农村中小学，完成17所农村学校厕所改造提升。投入近1.7亿元新建文昌小学，2022年9月建成投用，投入1.17亿元新建城南小学，计划2023年9月建成投用。2020年以来，城投集团融资1.36亿元，新建、改扩建公办幼儿园7所，实现"一乡镇一公办幼儿园"全覆盖。2022年，争取1亿元专项债，新建5所公办幼儿园，改扩建幼儿园15所，回收转公9所。农村地区义务教育阶段学校数量的增加以及学校硬件设施等的改善使得当地家长愿意将孩子留在本地入学，减轻了县城教育体系的竞争压力。

（3）优化配置促发展。持续推进学校信息化建设工程，统一基本装备配置标准。投入教师信息技术硬件建设保障资金1300余万元，完成义务教育段薄弱学校信息化环境改造，新建新型教学空间81个，打造创客教育实践基地3个，涵盖常山县天马镇第二中心小学等14所学校，学校现代化教学装备水平得到明显提升。2020年以来，政府投入1.03亿元，用于改善农村幼儿园办园条件和设施设备添置，目前已实现一个乡镇配套一个公办幼儿园。

（4）全力保障教育公平。启用义务教育阳光招生信息平台，城区和镇区公办幼儿园、小学、初中就近划片免试入学比例达到100%。实施残疾儿童普通学校随班就读、培智学校就读，以及送教上门相结合形式，全县残疾儿童免费就读率达100%。重点高中招生名额分配比例达到65%，并向农村初中适度倾斜分配。符合条件的随迁子女在公办学校就读比例达到95.1%，真正体现入学机会公平。扎实推进课后延时服务，受益中小学生达 100%。层级分解控辍保学目标责任书，全县初中三年巩固率 100%，真正体现教学过程公平。教师培训经费占学校公用经费当年预算总额的总体比例达 10% 以上。义务教育教师平均工资收入达到当地公务员平均工资收入水平，幼儿园劳动合同制教师待遇从 2020 年的 7 万元/年调整到 2022 年 8.5 万元/年。切实提高教师地位待遇利于更好地激发教师队伍的工作积极性，从而为常山县振兴教育添砖加瓦。

（5）深化办学模式改革创新。扶持县内基础较好、质量较高的公办学校，通过"强校 + 新校""强校 + 弱校""城校 + 乡校"等办学模式，扩大优质教育覆盖面。小学段采取"1 + 1 + 1"组建方式，即由 7 所城区优质学校作为核心校，对 2 所农村学校分别实施融合型教共体方式和协作型教共体方式办学。融合型教共体一个教育集团架构一套领导班子，实行"六同一、三不变"管理模式。"六同一"即党建同领、师资同盘、教学同研、文化同系、考核同体、财务统一，"三不变"即独立法定单位不变、固定资产管理不变、经费划拨方式不变。协作型教共体实行"四协同"协作管理模式，即愿景协同、机制协同、研训协同、教学协同。以项目化推进的方式，在学校发展顶层设计、教师交流培养、课堂教学研讨、集体备课校本教研等方面实现借力发展。初中段 3 所城区学校和 3 所农村学校，均采用融合型模式管理。由城区的学校带动农村学校，集团化办学实现师资打通，管理统一，这样对全县整体教育质量水平的提升成效是非常明显的。

2. 文化事业、产业引导精神富裕

共同富裕不仅体现在物质上的富裕，而且体现在精神上的富有，而文化领域的发展是共同富裕的重要组成部分，是共同富裕建设的新要求。在共同富裕的背景下，政府的资金支持、政策引导有助于改善城乡文化建设，常山县为实现城乡文化上的精神富裕做出了较深层次的努力。

（1）优化提升乡村博物馆创建。全县15家乡村博物馆涵盖红色文化、民俗特色、文化历史等多种品类，在提档升级后，总面积达5000余平方米，藏品达2300余件。自创建工作开展以来，常山通过邀请省市专家现场指导、建设资金适当补助等形式，按照"资源共享、规模兼顾、区域均衡"的总体思路，对15家乡村展馆在藏品种类、展馆布局、硬件设施、内部管理等各方面进行了优化提升，以确保达到建设标准要求。2022年5月，全县乡村博物馆创建进度达到74%。乡村博物馆的创建，不但让乡村的群众享受到高质量的公共文化服务，同时依托馆内的乡土文化展陈、文创产品展售、手工体验、风物特产供应、拓展教育、课程会议服务等内容，进一步助推乡村旅游，是乡村旅游由休闲度假、自然体验向文化体验迈进的重要一环。

（2）增设南孔书屋推动"书香常山"建设。为打通全民阅读"最后一公里"，着力延伸公共阅读空间触角，城乡资源差距缩小，尽快实现让更多的乡村市民在家门口以自由、休闲的方式享受阅读带来的美好生活，常山县委、县政府高度重视，县乡两级高效联动，快速推进2022年浙江省政府民生实事"浙文惠享"项目进度，坚持以人民为中心，通过平等、开放、免费、就近、便捷的服务，保障公众基本文化权益。不断改进服务质量，提升服务效能。在空间设计、环境布局、藏书建设、活动开展等方面体现区域特征，形成当地特色的乡村公共阅读空间。芳村镇南孔书屋仅用两个月时间便完成建设并投入试用。常山县文化广电旅游体育局按照"资源共享、规模兼顾、区域均衡"的总体要求谋划设置，选址在芳村镇乡村未来社区，采用自动化设备实现一体化服务，并打造成具备24小时开放条件的自助南孔书屋。2023年3月，常山县已建成8家南孔书屋，其中3所乡镇南孔书屋还包括辉埠镇久泰弄村、东案乡金源村的两家南孔书屋。南孔书屋正向乡村延伸，成为村民的精神粮仓，文化资源普惠缩小了城乡差距，改变了村民的生活方式和精神面貌，并不断满足农村居民美好精神文化生活新期待。

（3）完善城乡体育公共服务体系。据统计，常山县 2019 年完成 2 个社区多功能运动场、1 个体育休闲公园、1 个笼式足球场、1 个拆装式游泳池和 25 个体育小康村提升工程建设任务。2020 年完成东明湖公园、体育公园东南角现代智能化运动设施改造提升项目，3 个社区多功能运动场、1 个拆装式游泳池、16 个小康体育村升级工程及 7 个百姓健身房。2021 年继续布局实施建设 4 个社区多功能运动场和 4 个百姓健身房。2022 年全民健身中心完工惠民，全县共建有东明湖公园、展衣山北公园、县体育公园、山地自行车公园等 8 个运动休闲公园，已实现每个乡都配有篮球场以及基础性健身器材，并将覆盖到每个村。全县基本建成 15 分钟健身圈，为群众体育的发展提供了坚实的硬件基础，满足了人民群众日益增长的体育健康需求。

（4）大力发展文旅产业。积极探索农文旅融合，深化金源模式，"常山漫居"民宿品牌持续打响，季意民宿获评省级金宿，罗曼民宿、溪上村舍获评省级银宿。常山县上榜浙江文旅助力探索共同富裕新路径十佳县（全市唯一），列入浙江省新时代农文旅促进共同富裕试验区。2022 年，常山县已累计发放 475 万元文旅消费券，撬动全县文旅消费 1342.85 万元；省文旅项目库在库项目完成投资 42.49 亿元，依托"微改造、精提升"行动，实现城镇村景区化全覆盖，打造了鲤鱼滩、莲心湾、岩洞餐厅、矿山公园等网红打卡地；"常山 UU 音乐节"引爆乡村旅游流量，拉动全县整体消费 600 多万元，全国 4 万多乐迷打卡常山美景美食。

（5）实施文化精品战略。大力推动新闻出版、广播影视、文学艺术、哲学社会科学事业繁荣发展。实施文化精品战略，推进重点文艺精品创作，推出反映新时代新气象的常山印记和一定影响力的精品力作。扎实开展《胡柚娃》、常山名人典故等系列影视、歌舞、文学作品创作。大力培育赏石、钢琴、"胡柚娃"衍生品等特色文化产业，建设弘影文化产业园、弘彤文化直播基地。依托慢城文化旅游博览中心，建设文化产业融合培育基地。充分挖掘宋诗、武术、书法等地域特色文化，策划开展特色主题营销，举办文旅推介活动。设立文化产业发展专项资金，扶持小微文化企业，动员更多社会资本参与文化市场发展。

3. 民生保障力更优

作为山区县，常山县居民收入水平和发达地区相比还有不少的差距，城乡居民对民生的要求不断提高，常山县按照"尽力而为，量力而行"的要求，加大民事投入，政府根据实际情况确定了扶持方法，科学分配扶持资金，着重从社保口的低保户保障、社会保险达标提标、因病致贫防范长效机制等方面展开，在全省率先实现县乡村三级助联体全覆盖，切实助力"扩中提低"改革有效推进。

（1）落实了救助政策，强化了民生保障。2022 年 7 月起，按照不低于 15.9% 的提标幅度，城乡低保月标准从 910 元调整为 1035 元，特困供养标准从 1183 元调整为 1346 元，最低生活保障标准提高至 12240元/年。持续落实"单人户保""低保渐退"等政策，压缩村级受理、乡镇审核时间，办理时限缩短 20%，做到应保尽保、应纳尽纳、应退尽退。2022 年新增低保 783 人，落实单人户保 272 人，低保渐退 8 人，实施临时救助 77 人次，发放临时救助资金 32 万元，全年共发放社会救助金 1.5 亿元，为困难群众生活提供强力保障。实施参保扩面行动，企业职工养老保险新增参保完成率居全市第二，基本医保参保率达 99.9%，惠衢保参保率达 82.4%，全面完成提标提补工作。

（2）创新救助模式，提升服务质量。探索"物质+服务"社会救助新模式，统筹社会组织、社会志愿者、慈善资源等社会救助力量，以县、乡、村三级助联体为阵地，以政府购买服务为纽带，吸引社会组织深度参与社会救助服务。2022年全年，参与圆梦助学、关爱陪伴等救助项目的社会组织人数超过1200人次，社会救助工作已由传统"单一物质救助"转向"物质+服务"模式，为困难群众共同富裕提供物质和精神双重动力。针对全县11000名低收入农户，当地政府派出人员力量在每个农户家中庭院种植一棵胡柚，果实丰收的收入由农户支配，总共支出1700万元，此外还提供了3000元每年的家庭儿童教育补助。

（3）做优专项救助，守护特殊群体。加强生活无着的流浪乞讨人员救助管理工作，通过部门联动，实施"早发现、早治疗、早送返"措施。2022年以来共计救助122人次，联合公安、卫健等部门，对滞留超过3个月仍无法查明身份信息的10人落户安置到位；对16名长期滞留在站人员，拓宽救助寻亲渠道，已寻亲成功6人。2023年2月初，以"千里走单骑"方式，安排专人专车护送四川古蔺籍智力残疾的乞讨人员返还，往返路程超过3000公里，在当地传为佳话。

（4）做好兜底保障，筑牢民生底线。牵线搭桥，支持多渠道就业。坚持就业优先战略，截至2023年1月，举办"老乡留常山、岗位送给U"系列招聘会63场，新增城镇就业5308人，开发公益性岗位792个。强化助企稳岗，发放稳岗返还等各类补贴3600余万元，获省级失业保险调剂金1727万元，为全市最高。新开发就业见习基地7家，联合团委开发见习岗位637个，全力促进"见习+就业"无缝对接，进一步提升高校毕业生和失业青年的就业能力，全力帮助高校毕业生实现就业。2022年以来，共发放见习实训补贴1.67万元，鼓励高校毕业生到民营工业企业、中小微企业就业，累计发放高校毕业生到民营工业企业"青年常山"就业补贴 101.5 万元，到中小微企业就业补贴 19.8 万元。

（四）生态文明优建设

共同富裕不仅是物质上的共同富裕，而且是包括生态环境在内的公共产品和公共服务的共同富裕。生态环境是典型的公共产品，打赢污染防治攻坚战就是为了减少"负公共产品"的供给，提供优质的生态环境和生态产品、完善优良的生态制度和生态治理就是为了提供更多的"正公共产品"。生态面前人人平等，生态平等可助推共同富裕的实现。常山是浙江生态屏障，国家重点生态功能区，生态资源、区域环境独具先天优势，"绿美常山"国土绿化行动四次名列全省榜首，"蓝天三衢"生态治理工程扎实推进，钙企业污染问题彻底解决。节能减排稳步推进，"十三五"期间提前完成化学需氧量、二氧化硫、氮氧化物累计削减量目标。常山港流域地表水质、出境水质均 100% 符合要求，城区 PM2.5 年均浓度由 34 微克/立方米下降至 25 微克/立方米，空气优良率由 91.7% 上升到 96.7%。胡柚种植面积达 10 万亩，油茶 28 万亩，林地 82912.8 公顷，为绿色转化提供了丰富的生态和资源基础。在已有的条件下，常山县持续迭代综合治理能力，高标准推进问题整改、效能提升、机制创新，致力打造舒心、放心、安心的宜居环境。铁腕实施生态治理，统筹推进蓝天、碧水、净土、清废、治塑五大行动，"两山"转化效益明显跃升。

1. 严抓空气污染、水污染治理行动

常山县以落实"五位一体"责任，牢固树立"五位一体"的农村生活污水治理长效运维机制。如为了解引进的生物转盘、PE 组合式固定床等工艺与现有运维设施在运维管理上的差别，安排运维单位专业

技术人员现场实地讲解。累计完成 220 座日处理能力 20 吨以上的农村生活污水处理设施标准化运维工作，38 座农污设施新建改造，105 座新建改造任务，扎实推进污水处理设施标准化运维，进一步巩固和提升农村生活污水治理。

（1）深化"污水零直排区"建设。生态工业园区列入省级标杆工业园区"污水零直排区"名单，生态园区地下水污染问题入围全省"重大环保督察问题清单"示范榜，第二轮中央环保督察 27 件信访件整改全面完成。完成两个县级以上饮用水水源保护区勘界定标工作。2022 年常山港地表水、饮用水源地和出境水断面水质百分百达标。溪东、枧头、富足山、招贤四大常规监测断面水质均符合相应水质功能区要求。全年常山港水质基本保持在Ⅱ类。根据常山文图水质自动监测站与衢州高埂断面手工监测数据，常山港出入境断面即文图断面和航埠断面全年水质符合Ⅱ类水质标准，入境断面Ⅱ类水以上占比为100%，出境断面Ⅱ类水以上占比为100%。2022 年全县饮用水源水质情况良好，芙蓉水库集中式饮用水源、常山港枧头备用水源、千家排水库农村饮用水源水质均 100% 符合《地表水环境质量标准》（GB 3838 – 2002）的Ⅱ类以上水质标准。

（2）抓严大气污染防治。逐步推进涉 VOCs 治理工作，完成 58 家企业的源头替代和废气设施提升改造，3 条水泥熟料生产线已达到超低排放第一阶段要求。2022 年常山县城区环境空气质量总体评价为二级，年度城区环境空气质量有效监测天数为 365 天，其中空气质量为优天数 167 天（占 45.8%），空气质量为良天数 186 天（占 51.0%），PM2.5 浓度均值创历史新低，城区空气优良率达 96.8%，远高于浙江省"十三五"环境保护规划提出的到 2020 年 85% 的目标。

2. 推动土地整治和生态修复

土壤污染防治力度持续加大，完成 18 个"无废细胞"的申报并通过"浙里无废"系统审核。生态园区地下水污染管控一期、二期工程顺利通过省级销号验收。开展工业企业污水减污降碳协同增效试点，发布《常山县工业企业污水处理减污降碳协同增效试点管理办法》，艾佳果蔬和恒寿堂柚果两家企业入选首批试点单位。启动省级低零碳乡镇（街道）、村（社区）试点，因地制宜挖掘绿色发展的特色亮点，新昌乡和纱帽山村等 7 个行政村成功入选省第二批低碳乡镇（村）试点。

三、常山县共同富裕建设的经验

常山坚持创新发展、改革突破，秉持着"一切为了 U"的理念，营造良好的营商环境，走出了一条产业兴农、品牌强农、强村富农之路，形成了一批可复制、可推广的推动乡村产业高质量发展的改革创新标志性成果，走出了山区县抓共同富裕建设的新路子。常山县共同富裕建设的经验，对全省乃至全国的共同富裕建设都有深远的借鉴意义。

（一）工业理念助推农业的发展

常山结合资源禀赋，以"两柚一茶"为主的特色农业作为县域主导产业之一，着力打造共同富裕示范区典范县域。其特色农业的发展，从主打鲜果销售换道精深加工，离不开工业理念的融合发展。用工业思维发展农业，建立农业生产基地、农场、合作社等集约化经营组织，优化配置农业生产要素，实现现代化、规模化、产业化发展，提升农业现代化科技水平和信息化水平，提升农业价值链效益，使"一只水果带富一方百姓"逐渐成为现实。

1. 因地制宜："两柚一茶"抓特色

常山县地处钱江源头，优越的山水资源以及独特的地理环境造就了当地农业的长远发展。其立足自身的特色优势，秉持"一切为了U"核心理念，塑造具有辨识度的县域特色支柱产业——两柚一茶（胡柚、香柚和油茶），将其打造成推动区域经济发展、实现农民共富的动力源和主引擎。

（1）要有高瞻远瞩的政策赋能。常山秉承"一切为了U"理念，以工业化、链条化模式推动油茶产业规模化、品牌化发展，营造良好的营商环境，奋力打造"浙西油库"2.0版。制定出台油茶产业2023～2025三年行动方案，为"十四五"期间产业发展道路指明方向。发布"油茶新政十八条"，从土地流转、油茶低改、林下经济、采收加工、新品研发、销售宣传、招商引资等全产业链各环节加大扶持力度，完善油茶产业生态，激发主体积极性。引进中林集团，成立中林油茶集团，以"央企+国企+民企"的形式共同发展油茶产业，确定"一龙头+多强企"的产业格局。

（2）要有与时俱进的发展策略。常山立足油茶资源禀赋，紧跟数字化改革浪潮，大力推进油茶产业发展。在数字化建设上，建立了"油茶产业大脑"；在创新发展上，探索出"千村万元"林下经济；在榨油工艺上，引进国际先进冷压榨技术。在一系列数字化的技术赋能中，油茶产业焕发新活力，在产业链发展中带动了农户的增收以及农产业的健康可持续发展。正是秉持着因地制宜、尊重规律的发展理念，常山将特色产业与资源创新相结合、与农企利益及其全面发展相结合，通过做大产业、做强品牌、做活市场，才成功地将自然优势巧妙转化为致富产业，推动"两柚一茶"等农特产业向第二、第三产业延伸，从而促进常山的产业振兴、发展增效、百姓增收，走稳共富之路。

2. 创新研发：实现平台强赋能

常山巧借外力进行创新研发，不仅挖掘了产品的附加值、延长产业链，亦促进了产业的全方位可持续性发展，从而保证了农户增收的稳定性。

（1）建设"院校共建"研发平台，实现"科技赋能"。常山借助中国林科院亚林所、浙大等科研院校，合作共建"油博士"工作站，建成 4000 平方米的智能种苗繁育温室，升级"油茶产业大脑"，实现油茶产业智能监管一张图。开展油茶速生苗培育攻关，将油茶投产期从 5 年缩短至 2~3 年，每亩每年可降低油茶抚育及采收成本 600~800元。每年举办 2~3 期油茶高产栽培培训班，邀请专家实地指导，每年约有 200 名林农接受培训，切实提高技术水平。实施千亩油茶保花保果、截干更新、高接换种等试验，提高油茶亩均产量，逐步向全县推广应用，2025 年前计划实施油茶低产林改造 1.5 万亩以上。

（2）建设"产学研旅"融合平台，实现"文化赋能"。常山串联国家油茶公园、未来乡村、红色景区等文旅节点，以打造全域旅游、全域 4A 景区为目标，持续丰富"油游"业态。开展油茶文化节、科普研学、油茶美食体验等活动，开辟"产学研旅"融合发展的道路。其中以鹏飞专业合作社、旺旺家庭农场为代表，经营千亩油茶基地、传统榨油技艺展示馆、油茶主题民宿等，延长产业链条，开拓增收途径。全县年均"油+游"收入超 3 亿元，带动约 5 万本地林农增收。

（3）建设"油茶指数"发布平台，实现"数字赋能"。常山每半月发布一期"新华·中国油茶产品价格指数（常山发布）"，以大数据手段精准反映我国油茶市场波动情况，构建油茶产品价格的"晴雨表"和"风向标"，指导中西部油茶产区以更合理的价格出售原料，提高当地林农收入。依托浙江省山茶油质检中心，为周边省市提供检测服务，为山茶油市场整体品质监管提供技术支持。

3. 共富乡村：共富果园稳建设

乡村振兴，产业先行。为了优化产业布局，将低、小、散胡柚果园"化零为整"，打造规模连片、智能管控、绿色高产的精品基地，常山推出"两山合作社＋经营主体＋村集体＋农户"的"共富果园"模式，成功入选省高质量发展建设共同富裕示范区第二批试点，且首届中国乡村振兴品牌大会落户常山。2022 年首批 30 家 1.5 万亩"共富果园"已基本建成，并取得阶段性成果，37 个创建村已全部实现经营性收入 50 万元以上，解决家门口就业 4948 人，直接带动农民增收 4397 万元。

（二）"早上好"精神引领乡村蝶变

乡村的富裕离不开人才的支持，离不开品牌的打造，也离不开精神的补给。提及常山，必得提及"早上好"精神——"天天早起、事事争先、人人追梦、年年攀升"。在常山，"早上好"从见面"一句问候"，到形成"一张工作导图"，再到现如今的"一种奋斗精神"。在浙江省高质量发展建设共同富裕示范区最佳实践（第二批）名单中，该品牌成功上榜社会主义先进文化发展先行示范。"早上好"不仅是一个兴村品牌，而且是推进强村富民的党建联建模式，还是引领常山高质量发展的关键变量。

1. 头雁治村：能人书记领航向

作为一个山区县，常山在推动共同富裕进程中成绩斐然，离不开优秀的基层干部、先进的品牌价值以及切实的转化路径。

（1）要有"能人书记"。一个村集体要实现优质的发展，离不开村干部的担当作为。例如，在没有资源、地理优势的新昌乡，最大的变量就是人，而这也正是治村兴村的"关键少数"，当地"60""70""80"师徒书记的结对、构建党建联盟、村干部乡贤回归等，使得当地在县域经济中崭露头角。同时，金川街道徐村村在村党支部书记的领导下，创新采取"1+1+N"责任分工体系，上门做工作，赢得群众充分支持。常山用事实印证了"村庄富不富，关键看支部；支部强不强，关键看头雁"。

（2）要有品牌赋能。例如，达塘村以一句简单的"早上好"提振干事激情，又提炼出以"天天早起、事事争先、人人追梦、年年攀升"为内涵的"早上好"精神，并从"早的状态、上的劲头、好的追求"三个维度，形成了一套可复制、可推广的品牌体系，为共富事业提供了动力源泉。再如"一份常礼"销售平台的建设。常山围绕打造"一份常礼"，实施"常山山茶油"区域品牌升级，通过农博会、品牌发布会、直播平台等形式推出山茶油网红产品。多年来，山茶油零售价格从每斤80元提升至120~200元不等，礼盒装达每斤300~400元。已有多家油茶企业产品在抖音、淘宝、京东等平台售卖，其中常发、东茶等高端品牌更是入驻国家部委机关食堂，进一步拓宽销售及宣传渠道。2022年，油茶销售总产值突破4亿元，同比增长30%。

（3）要有转化路径。好品牌需要依托好路径才能够孵化出系列品牌产品，以此达到强村富民的共富效果。达塘村将"早上好"品牌，依托新昌乡"早上好"十村联建行动，统筹推进山海协作、结对帮扶、文旅融合、"一村一品"等举措，探索共同富裕组团式片区化发展新路径，大力发展富民产业。截至2022年12月，实现年经营性收入村突破100万元目标，走出了一条独具新昌辨识度的组团式、片区化共同富裕强村富民路。

2. 常雁归村：乡贤人才引动力

人才振兴是乡村振兴的基础。如何发挥乡贤作用，助力乡村振兴，是值得乡村思考的问题。而常山开展"常雁回归"工程，通过平台搭建、乡情感召、政策引导等方式，即"问计于民""请贤六招""红色拉练、干将比拼"等做法，招引了一批优秀乡贤能人回村任职。乡贤带回资本、信息、技术等资源要素，他们焕新村貌、发展旅游、打造产业，用其学识专长反哺桑梓，带领村庄实现"共富蝶变"。因而，吸引乡贤回归，是实现共同富裕的重要途径之一。

3. 联建兴村：抱团共建促发展

共同富裕，讲求"和而不同"，是在协调共存基础上的相互带动。而常山在共富发展中，较为突出的亮点便是抱团模式的组合发展。

（1）师徒联手，经验传承。2020 年村级组织换届后，为了把蛋糕做大，"60""70""80"师徒联手，强强联合，达塘村和毗邻的黄塘村、郭塘村在全县率先抱团成立"三塘"党建联盟，推出"景区＋花海＋研学"组合发展模式，将黄塘村旅游景区与郭塘村月季花海和达塘村"早上好"支部书记研学基地组合起来，推出景区观光、产业研学"一日游"，带动三个村集体增收 300 余万元，而村书记师徒三人也因其卓越的治村成绩先后被评为省级兴村（治社）名师。

（2）结对共建，组团发展。继"三塘"党建联盟后，全乡 10 个村成立党建联盟，实施"大带小、强带弱、富带贫"结对共建模式，组建"为民服务先锋队"，开展"头雁大比拼"，互帮互带、你追我赶，引领组团式发展。此后，携手共富又迈上新台阶：10 个村与结对的浙能集团、常山农投集团一同出资成立"早上好"共富公司，抱团发展。

据统计，2018 年以来，新昌乡 10 个村集体经营性收入年均增长 85% 以上，有望实现 100 万元全覆盖。此外，金川街道徐村村以"诗画风光带"党建联建机制深化村企合作、村村协作等联结模式，创建"徐村紫薇""沐隅民宿"共富工坊，为企业提供政策支持与精准服务，以"组织链"带动"产业链"，促进"发展链"，实现农民增收、企业增效、集体增富、百姓增信。其创建徐村幸乐强村公司，重点围绕徐村文旅资源开发，实施村企联建、政企结合，充分发挥市级疗休养基地品牌效应，举办小龙虾节、露营、团建等活动，年吸引游客 20 余万人次。

4. 文化汇村：宋诗之河添风景

共同富裕的一个重要维度是精神富裕，包含文化的富足。常山挖掘地方文化价值，在文化富裕方面提供了良好的典例。常山江汇聚了两宋数十位著名诗人的足迹，因此，常山充分利用宋诗文化，打造"宋诗之河"风景线。"宋诗之河"纳入钱塘江诗路黄金旅游带规划，成功举办中国山地自行车公开赛、龙舟赛、国际皮划艇精英赛等高规格赛事，促进了全域旅游发展。2021 年接待 180.3 万人次，旅游总收入达 22.4 亿元。在"早上好"奋斗精神引领下，"宋诗之河"风景线沿岸的乡村风貌焕然一新。

（三）改革思路激活沉睡资产

面对生态资源闲置低效问题，常山改变思维，改革打法，实体化运营两山合作社，并不断深入推进，上线"生态云脑"应用，以生态价值有效转化激发"三农"活力，变现沉睡资产。正是坚持了系统集成理念，深入推进强村富民集成改革，常山以切实可行的措施壮大村集体经济，最终打开了共同富裕的广阔天地。

1. 两山合作社：化散为整

常山县在全国率先探索成立两山合作社，聚焦县域生态资源转化通道窄、效率低、效益差等问题，以数字化改革为引领，开发生态云脑，打造了一个"资源整合、功能提升、可持续运营"的生态价值实现新平台。两山合作社模式的成功之处在于其打破了生态产品评估难、抵押难、变现难的困局，走出了一条生态价值有效转化的路径，促进资源从零散走向整合，促进山区特色产业从低端走向中高端，带动了山茶油、香柚等山区特色资源产业链发展，进一步赋能政府为共同富裕搭建"桥"和"船"，让更多的"绿水青山"变成"金山银山"。这既是"两山"理念转化的重要途径，也是常山实现共同富裕的一条有效路径。

2. 矿山公园：化闲为美

常山善于将闲置资源转化为自然美景，继而深化为美丽经济，以此实现闲置资源的优质转化与充分利用。如创新辉埠区域生态环境系统整治模式，成为践行"两山"理念、推动形成绿色发展方式和生产生活方式的重要案例。新建的辉埠矿山公园被打造成"科普教育基地、科研教学基地、文化展示基地、环保示范基地"，为人们提供一个集旅游、科学考察和研究于一体的场所，与不远处的"三衢石林"景区遥相呼应，联动发展。

3. 土地整治：化地为财

常山县发挥全域土地综合整治调节器作用，推动农民参与、企业投入、政府调控机制，重构乡村土地利用新格局。融合"旅游 +"

"+旅游"理念落地，结合国家级全域土地综合整治试点和省级田园综合体项目，通过农业展示园、健康产业园、农林牧渔展示馆建设，着力打造莲荷产业、户外运动休闲、创意餐饮、常山土特产市集的新型园区，重构农村"新型社群"，反哺了新农村建设。

3 Chapter

第三章
常山县和慈溪市共同富裕建设的比较

　　让一部分地区先富起来，以带动更多地区的发展，实现共同富裕，是社会主义的本质要求。慈溪位于浙东北的杭州湾地区，是浙江省经济发展最好最快的地区之一，按照浙江省委省政府山海协作的要求，2012 年以来常山县与慈溪市开展山海协作结对发展。十多年来，两地通过山海协作，资源互补，开辟了一条互帮互助、结对发展、携手共进的富裕之路。而如今围绕着"一切为了 U"的发展理念，常山发展进入新阶段。为了常山能够更快驶入发展的快车道，奋力打造好浙西第一门户，推动山区县的跨越式发展，有必要从共同富裕的各项指标出发，对常山县与慈溪市进行深度比较，为常山找到新时代下山海协作推动高质量发展建设共同富裕的关键因子。

一、常山县和慈溪市山海协作的做法

　　山海协作工程是习近平总书记在浙江工作期间作出的重大战略决

策部署，也是"八八战略"的重要内容。① 2002 年，浙江省委省政府为推进全省区域协调发展提出了实施山海协作工程，其要旨在于按照"政府推动、市场运作，互惠互利、共同发展"的原则，加快欠发达地区的产业结构升级，推动全省一体化、均衡化、现代化发展。经过 20 年的努力，山海协作工程破解了过去输血式扶贫难以实现持续发展的难题，探索建立了符合现代市场经济条件下的造血式扶贫新模式。在共同富裕建设的新背景下，山海协作工程被赋予了全新的历史使命，浙江在原先的基础上进一步完善省域统筹机制，创新推进山区 26 县跨越式高质量发展，加快缩小地区发展差距。同时，结对式的发展模式给落后地区提供了发展样板和先进经验，给发达地区带来了更加优质的资源配置，真正实现了携手发展、共同进步。常山县和慈溪市经过十多年的山海协作和对口帮扶，有力地推动了常山县的经济社会发展。

（一）以项目为纽带，激发经济发展活力

在建设共同富裕社会的时代背景下，慈溪和常山之间的山海协作工程被赋予了全新的历史意义。两地牢牢把握住农村发展的主要矛盾，以项目建设为有力抓手，持续激发常山农村发展活力，将慈溪的现有产业与常山的自有资源有机匹配，进一步提高群众的生活水平。同时常山县在持续推进乡村发展的过程中积极做好平衡工作，平衡好经济发展与生态保护，平衡好物质富裕和精神文明，真正实现乡村特色化、现代化、集约化发展。

1. 找准自身定位，推进资源互补

常山县素有"四省通衢，两浙首站"之称，位于金衢盆地西部，

---

① 《干在实处 勇立潮头——习近平浙江足迹》，人民出版社 2022 年版，第 64 页。

地貌特征以丘陵山地为主，有较好的农业种植条件，同时处于钱塘江上游，农业灌溉等方面有着先天的自然优势。常山从自身优势出发，和慈溪实现精准帮扶对接，让乡村发展从"输血"转向"造血"，激发乡村振兴的内生动力。常山县新昌乡土地和劳动力资源丰富，当地政府充分认识到自身的区位优势并积极寻找乡村振兴之道。慈溪市新浦镇的丝瓜络享誉全球，其丝瓜络产业链已经包含种植、加工、销售，真正实现三产融合，产品畅销国内外。常山县立足山海协作平台，积极向慈溪市发出合作邀请。2021 年底，新昌乡与慈溪市新浦镇合作，共同打造千亩丝瓜络山海协作共富产业园项目。常山县富好生态资源开发有限公司与宁波界哲日用品有限公司签订了丝瓜络种植包销合同。常山县富好生态资源开发有限公司采用"公司 + 合作社 + 基地 + 农户"的发展模式，以参股分红、导入业态、资源处置等形式，构建"收储—处置—反哺"利益闭环机制，在新昌村、郭塘村、对坑村、黄塘村等10 个村发展丝瓜络，种植面积约 1395 亩。在新浦镇的帮扶下，新昌乡的丝瓜络产业从单一种植产业迈向工业制造，延长产业链，极大提升了农产品的附加值。接下来两地将着力打造千亩丝瓜络共富产业园 2.0版本。在项目引进的同时两地不断加强人才交流，新浦镇向新昌乡先后派遣多批技术人员，对常山当地农民开展相关技术指导。常山丝瓜络承包村村民定期赶赴慈溪参与培训，确保掌握种植技能。2022 年千亩丝瓜络山海协作共富产业园实现产值 1500 余万元，共富公司累计发放劳务工资 250 万元，土地租金 60 万元。得益于丝瓜络项目的引进，新昌乡村民通过劳务收入以及土地流转费真正实现了脱贫致富。

2. 转变发展模式，走创新发展道路

在共同富裕建设的大背景下，常山不拘泥于传统乡村发展的老路子，积极转变自身思维模式，改变过去"等""靠""要"的思想，充

分发挥主观能动性，在慈溪的帮助下创新打造符合实际的现代化发展道路，走出乡村振兴新模式，为全域建设美丽乡村打造优秀范本。常山县郭塘村原先是一个"脏乱差"、村集体经济空白、村民幸福感低的偏僻山村。2016年以来，郭塘村找准了致富产业——种植月季，全村积极推动撂荒土地流转复种，发挥闲置土地资源作用，月季产业壮大了郭塘村集体经济。2021年郭塘村立足山海协作平台，与慈溪市公牛集团和宁波美华实业有限公司开展村企帮扶工作，在宁波企业资金的帮助下，郭塘村抢抓住发展机遇，从外地引入大批月季花苗，同时利用嫁接技术扩大月季花种植面积，并进一步发展农旅结合，在郭塘村打造网红打卡点，让第一产业、第二产业的效益延伸至第三产业，实现全链发展。在月季项目进程中，郭塘村不断创新发展模式，把月季种植与乡村旅游业结合，推动了乡村旅游业的发展。郭塘村除了发展月季产业，还积极谋求"走出去"，在常山县县城公开招标城市绿化，让郭塘村的经济效益以及品牌效益迈上新台阶。2022年郭塘村实现村集体经济2000余万元，村民的可支配收入也从2016年之前的9000元提高到38000元，真正实现了乡村振兴人人参与，发展硕果人人分享。

3. 发挥生态优势，推动绿色发展

常山地处钱塘江上游，是国家重点生态区和浙江生态屏障地。近年来在构建共同富裕现代化社会的框架下，常山在发展经济的同时兼顾生态保护，合理利用自身的生态优势将其转化为经济效益和社会效益。同时，山海协作为常山发展生态旅游业提供了广阔市场。2016年，慈溪和常山为进一步实现双方资源和优势互补签订了《慈溪市—常山县旅游战略合作框架协议书》，拉开了两地旅游深度合作的序幕，常山借助机遇扩大了自身在市场上的知名度。常山辉埠矿山公园的前身是水泥石灰加工厂，由于传统产业的转型导致矿山废弃，矿山污染问题

严重。常山从地址安全和绿色生态出发，以修复和提升为着力点，投资 5.7 亿元围绕产业整治、环境改善开展综合治理，开创废弃矿山生态修复"常山模式"。生态修复后，常山利用自然环境转变发展思路，着力打造露营度假休闲地。同时，生态旅游的发展带动了周边经济的发展，助力解决周边农村居民就业难、收入低等问题。常山借助山海协作，统筹经济效益和社会效益，发挥生态优势，有力推动经济绿色发展。

（二）以产业为基础，推动优势互补和资源共享

山海协作不单纯是对口援助，更多的是优势互补，通过资源的优化配置，经济的互利互惠，实现双方的共赢，这是山海协作的长久之计，也是山海协作的目的所在。慈溪作为经济发达地区，通过资本的输出和产业的布局，借力与常山的山海协作，能够把常山的生态优势和特色农产品优势转化为发展优势，在推动常山发展的同时，也为慈溪市的产业发展找到很好的投资渠道，实现了优势互补和经济的协同发展。

1. 盘活市场资源，扩大协作范围和协作的影响

盘活市场资源是刺激经济发展的重要手段。近年来，常山与慈溪携手共进拓宽两地市场深度合作的领域和范围，扩大协作的广度和深度，并取得良好成效。2022 年在慈溪市政府的牵头下，慈溪市常山商会正式成立，商会加强与当地政府的协调沟通，帮助解决会员企业发展中的困难和问题，同时做好两地山海协作的交流沟通，助力两地更好开展全方位、多层面的协作。企业作为市场最活跃的要素之一，两地政府深刻认识到企业在市场中发挥的重要作用，将发展目光聚焦于

企业合作，通过人才招引、市场开放等方式实现常态化交流。在人才合作方面，推动常山的技术人才与慈溪积极开展技术项目合作，以双方人才合作为支撑，力求在慈溪的科学技术水平迈上新台阶的同时提高常山的科技水平，支持常山本地发展更多更优秀的高质量企业。在市场合作方面，慈溪和常山不断推进市场互相开放，推动慈溪的高新技术产品进入常山进行更进一步的深度投资和经济合作。同时常山的特色农产品，如高山蔬菜、山茶油、胡柚等可以更多地进入慈溪市场，凭借更高的市场认可度将自身的生态效益转换为经济效益，真正促进全体人民共同富裕。此外，两地还重视对青年企业家的培育工作，创设青年创业创新基地并且聘请创业导师进行指导，针对常山轴承产业还专门开展人才导师传帮结对，为常山实现人才可持续提供重要支撑。

2. 发展"飞地经济"，密切经济合作的深度

2015 年 12 月，国家发展改革委发布了《关于进一步加强区域合作工作的指导意见》，提出支持有条件的地区发展"飞地经济"。2021年，国家"十四五"规划纲要中明确提出鼓励探索共建园区、飞地经济等利益共享模式。飞地经济则为破解地方土地、人力资源约束的可行方案。"飞出地"的资金、技术、人才、项目等具有比较优势，但最为缺乏的是土地要素，与之相匹配的正是"飞入地"的土地、人力资源和市场。跨越行政区划的优势结合通过规划、管理、利益分配等合作机制，有效推动了区域经济一体化发展，实现互利共赢。立足山海协作平台，慈溪和常山通过十年的积极探索，在产业、消薄、科创三大"飞地建设"上取得实质成效。在产业飞地建设方面，2021 年慈溪—常山山海协作"产业飞地"项目正式开工，这标志着两地产业长期合作结出了共富之果。产业飞地作为推进深化山海协作的重要着力点，将有效助力常山加速落地优质项目，改善全县产业结构，延长产业链条。截至 2022 年 11 月，宏迈智能、锐禾智能、益创新材料科技、博帆源、翔鹰食品 5 家企业已经入驻。本着"今年有启动、明年有起色、后年有成果"的规划目标，产业飞地的建设将为科技创新型企业和制造业高质量发展提供更好的发展空间和支撑。在消薄飞地建设方面，慈溪—常山山海协作消薄飞地产业园选定慈溪高新区上林英才产业园，吸引入驻产业化项目 10 余个，通过产业园的发展方式累计分红 3190 万元，有效促进了常山县 131 个集体经济薄弱村增收致富。以常山县聚宝村为例，得益于山海协作的飞地建设拿到的分红和援建资金，村民通过养殖河虾、发展旅游业等使村集体经济增收 50 万元以上。在原有的基础上，2022 年常山和慈溪达成一致，又发动 62 个村筹集 4000 万元推动消薄飞地提质扩容，预计年收益将增加到 1330 万元以上，飞地反哺的资金为村集体开展项目建设提供资金保障。在科创飞地建设方面，2021 年共有 4 家企业入驻慈常科创飞地平台，为科创飞地建设注入新的活力。

（三）以协作为动能，推进民生事业发展

共同富裕社会的建设过程中，必须正确认识和深刻把握民生建设是打造共同富裕社会的重要内容，不断改善和提高以教育、医疗、就业、社会治理、公共服务等为代表的民生工程，不仅是经济社会发展的需要，更是人民群众对美好生活的期盼。近年来，常山充分认识到自身在基本公共服务建设方面的不足，在优化自身供给的同时坚持创新合作。常山借助山海协作机制，在产业、经济合作的基础上进一步扩大合作范围，通过帮扶互联等共享资源机制为教育、医疗等公共服务发展服务。

1. 借助山海协作机制，推动教育协作发展

慈溪、常山立足现有教育资源，多措并举，通过互帮互联、共享

经验、优化资源的方式推动教育的交流发展。常山积极借助山海协作的机制，通过学校对接、教师共享、学生互助多角度开展常态化教育交流，不断推动教育协作的开展。

（1）建立合作机制。慈溪市委和常山县委高度重视，签订教育合作框架，共同擘画两市教育美好图景。慈溪共青团市委向常山共青团县委捐赠青年共富基金支持常山点重点青少年群体的生活照料、爱心陪伴、心理援助等，同时积极签订战略合作协议书、大学生社会实践基地协议。两地还授牌共建"希望小屋"，切实帮助孩子改善学习生活环境，逐步实现从"小屋焕新"到"精神焕新"的转变。

（2）开展学校合作。慈溪市和常山县积极开展学校结对活动，每年定期开展教育交流，确定常态化教育对接互访机制。两地教师结合各自教学经验，开展跟岗挂职学习、师徒结对等合作项目，促进两地教育水平协同发展。让常山教师学习更为先进的教育理念，有力推进教师教学能力的进步。同时随着更多科学技术在教育领域的运用，两地通过互联网、研修、研学等多种方式促进两地的交流与合作。两地教育互联取得明显成效，如常山一中与慈溪中学合作办学的"慈溪班"，高考一段上线人数实现"五连增"，增速、增幅均位居衢州市第一。

（3）推进学生交流。慈溪在改善常山教学硬实力的同时，积极推进学生能力素质建设。一方面，挑选常山县优秀学生，委托慈溪中学等代为培养，为常山学生拓宽接受优质教育资源通道，极大提高学生学习的积极性；另一方面，促进就业创业，帮助学生能够有更多的实习交流合作机会，以常山技工学校为代表的毕业生可以前往慈溪产业园区就业，在帮助常山培养更多的本土高技能人才的同时也解决慈溪招人难的劳动市场困境。

2. 推动文化互动，共创文旅繁荣

根据乡村振兴发展部署，文化振兴是乡村振兴的重要内容。随着物质化逐渐丰富，群众对文化供给提出了更高要求。常山县政府锚定提高乡村产业文化附加值、提高公共服务水平的发展总目标，借助常山、慈溪山海合作机制，奋力推进文化服务供给精细化、差异化、多样化，努力实现高水平上的文化富裕。常山、慈溪双方文旅合作主要围绕在文化建设以及旅游打造。一方面，持续推动文化走亲。两地深度挖掘各自文化特色，通过舞台呈现的形式向市民表现深厚的文化底蕴。2019 年在常山县文化馆小剧场，以"秘色瓷都，慢城常山"为主题的精品文艺表演为常山群众提供了丰富的文化大餐，带动慈溪的特色文化青瓷瓯乐、越剧等在常山产生广泛影响。2023 年两地持续加强文化共享，在五一假期举办"山呼海应'八八战略'在身边主题宣讲"活动，"常山 U 团"成员和慈溪 00 青年红色宣讲团为现场群众提供一场视听盛宴，展示两地青年磅礴奋伟的青春力量。另一方面，加强旅游深度合作。2016 年两地开始开展旅游合作，在 2017 年达成深度共识，共同签署旅游战略合作协议书。两地不断完善旅游协助机制，实现无障碍旅游、客源互送、共设疗养基地等。近年来，常山通过文旅推介、新政吹风、项目引进等方式逐渐打响了以"一切为了 U"为口号的常山品牌，成功举办"胡柚文化节""UU 音乐节""中国山地自行车公开赛"等活动，展示了常山未来文旅发展的美好前景。

二、常山县和慈溪市共同富裕发展的比较①

经济改革开放四十多年的发展，常山县的经济社会发展发生了翻

---

① 如无特别说明，本部分数据均来源于历年《常山县国民经济和社会发展统计公报》《常山统计年鉴》《慈溪市国民经济和社会发展统计公报》《慈溪统计年鉴》。

天覆地的变化，走出了一条山区县共同富裕发展的路子，尤其是和慈禧市的山海协作的开展，进一步推动了常山县的发展，增添了常山县的发展动能。但是和慈禧市等经济发达地区相比，常山县在经济社会发展方面还存在不小的差距，发展的任务依然艰巨，也为常山未来的发展明确了方向。

（一）常山和慈溪经济发展水平比较

在高质量发展中建设共同富裕，高质量发展需要以经济发展水平为先导，而共同富裕既要实现全域经济水平的提高，人民整体生活质量的提升，又要不断缩小区域经济发展差距，实现发展进程人人参与、发展成果人人共享。近年来，常山县围绕高质量发展不断优化产业布局，推出创新体制机制，促进县域经济发展迈上新台阶，共同富裕建设不断取得新成效。

1. 常山和慈溪经济总量比较

常山在"稳字当头、稳中求进"经济工作总基调的指挥下，全县经济实现稳步上升，在提高经济发展水平的道路上迈出坚实步伐。如表3-1所示，常山县的地区生产总值从2010年的73.85亿元跨越式发展到2021年的187.58亿元，同比增长2.54倍。2021年的地区生产总值增速达到17.1%，分别超出全国、全省8.7个、8.4个百分点。但是横向比较慈溪市的经济发展情况，如表3-2所呈现的，慈溪市2010年全市生产总值达到750.61亿元，在2021年更是直逼2400亿元，是常山县的12.7倍。说明常山县的经济总量规模较小，如何进一步扩大县域经济总盘，常山仍是任重道远。

表3-1   常山县主要年份生产总值相关经济指标

经济指标		2010年	2015年	2019年	2020年	2021年
地区生产总值（亿元）		73.85	108.17	154.20	160.15	187.58
人均GDP（元/人）		28368	44584	60437	62150	71998
产业增加值（亿元）	第一产业	5.98	7.38	8.00	8.33	8.30
	第二产业	40.18	53.22	65.50	67.69	85.41
	其中：工业	31.43	42.47	49.95	49.97	64.36
	第三产业	27.69	47.57	80.70	84.12	93.87
三次产业占比		8.10：54.40：37.49	6.82：49.20：43.98	5.19：42.48：52.33	5.20：42.27：52.53	4.42：45.53：50.05

表3-2   慈溪市主要年份生产总值相关经济指标

经济指标		2010年	2015年	2019年	2020年	2021年
地区生产总值（亿元）		750.61	1207.51	1930.68	2008.30	2379.17
人均GDP（元/人）		52111	71897	107439	109923	128882.41
产业增加值（亿元）	第一产业	37.77	47.98	55.77	58.38	60.95
	第二产业	451.90	724.41	1166.65	1168.37	1455.33
	其中：工业	423.38	669.82	1083.90	—	1357.88
	第三产业	260.95	435.12	708.26	781.54	862.89
三次产业占比		5.03：60.20：34.77	3.97：59.99：36.04	2.89：60.43：36.68	2.91：58.18：38.91	2.56：61.17：36.27

三次产业占比可以比较直观地反映一个地区的产业结构。常山县的三次产业占比从2010年的8.10：54.40：37.49转变为2021年的4.42：45.53：50.05，从历年三次产业占比数据可见，常山县的第一产业呈现持续下降的趋势。此外，由于自身区位的特殊性，常山县的经济并不是依靠第二产业的支撑，而是显示出由第二产业直接过渡到第三产业。综观慈溪市的三次产业占比，与常山相似的是不断下降的第一产业，从2010年的5.03一路下降到2021年的2.56，符合我国产业转型的普通发展规律。但与常山县不同的是，慈溪作为工业强市，

第二产业是慈溪市经济增长的重要引擎，虽然第三产业不断发展壮大，但是 2010 年至今慈溪市的第二产业占比从未低于 55%，在 2021 年更是达到了 61.27%。

人均国内生产总值是反映一个地区宏观经济运行状况的有效工具，是衡量人民生活水平的重要标准。从两地统计局公布的统计数据来看，常山县和慈溪市的人均 GDP 逐年增加，常山县从 2010 年的 28368 元增长到 2021 年的 71998 元，前后相差超过 2.5 倍。慈溪市的人均 GDP 则在高水平上保持持续增长，2021 年的人均 GDP 将近于 2010 年的 2.5 倍。将两地的人均 GDP 做一个倍差比较可以发现，在 2015 年以前两地之间的倍差呈现不断缩小的态势，在 2015 年来到谷值 1.61，然而在 2015 年后两市之间的倍差出现反弹，在 2021 年时已经回到 1.79（见图 3－1）。

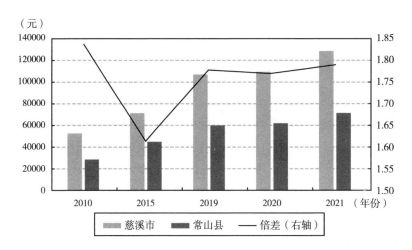

图 3－1　常山县与慈溪市历年人均 GDP

2. 常山和慈溪城乡居民收入比较

近年来，常山县认真落实中央、省委、市委的决策部署，创新体制机制，提出用项目兜底扩中提低，推行特色产业助力农民增收致富，持续推进地区协调发展水平不断提升，为全县经济发展注入强劲动能。

如表3-3所示，常山县和慈溪市的城乡人均可支配收入均呈现增长趋势，常山县的城市人均可支配收入由2010年的16780元增长到2021年的46653元，增长2.8倍。通过观察历年的城乡人均可支配收入倍差可以发现，常山县在缩小城乡居民收入差距上下足了功夫，倍差从2010年的2.09一路下降到1.73，而且低于浙江省城乡人均可支配收入倍差（1.94）。但是在空间截面上，与慈溪市的城乡人均可支配收入倍差相比仍然存在一定的差距，努力缩小城乡差距仍然会是常山县今后工作的重中之重。值得一提的是，常山与慈溪的农村人均可支配收入倍差在2010年至2021年间不断减小，说明常山县重视"三农"发展，根据农村特色区位，因地制宜激发产业活力，不断拓宽乡村振兴"共富路"，但是城乡居民收入增长长效机制仍需持续探索，不断激发农村发展内生动力。

表3-3　　常山县、慈溪市部分年份城乡人均可支配收入比较

年份	常山县			慈溪市			农村人均可支配收入倍差
	城市人均可支配收入（元）	农村人均可支配收入（元）	城乡人均可支配收入倍差	城市人均可支配收入（元）	农村人均可支配收入（元）	城乡人均可支配收入倍差	
2010	16780	8018	2.09	29921	15403	1.94	1.92
2015	28126	15333	1.83	47182	27295	1.72	1.78
2019	39654	22149	1.79	63964	38081	1.67	1.72
2020	41890	24033	1.74	67089	40950	1.63	1.70
2021	46653	26901	1.73	71145	44862	1.59	1.67

（二）常山和慈溪基本公共服务建设比较

共同富裕的目标之一就是满足人的合理需要，以满足人的需要为

标准，才是衡量共同富裕的真正科学的、以人为本的自然尺度。本部分通过比较常山、慈溪在基本公共服务方面的建设现状，力求找到常山推进公共服务建设的特色做法以及不足之处，从而更加系统性地布局常山未来公共服务设施发展。

1. 常山、慈溪教育发展水平

政府大力推行教育资源配置均等化，旨在推进县域义务教育和学前教育优质均衡发展，提供相对公平的教育环境，促进教育提质增效。对于教育发展水平可以从两个维度进行合理衡量。第一，财政支出口径。政府在教育领域的支出规模很大程度上反映了政府对县域内教育的重视程度，对教育事业配备相对应的财力有助于全域内资源合理配置。如图 3－2 所示，2018～2021 年，常山县和慈溪市的教育支出规模呈现扩大趋势，这实际上反映了两地政府对教育投入的不断加大。然而两地教育支出占比数据表明，近年来两地的教育支出占比出现下降，

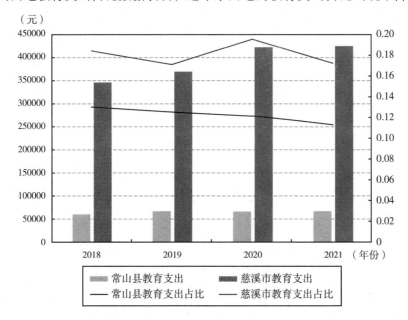

图 3－2 2018～2021 年常山县与慈溪市教育支出及占比比较

常山县从 2018 年的 13% 降至 2021 年的 11%。从空间角度来看，常山县由于自身财政收入较少，教育支出规模和慈溪市存在较大的差距，而且慈溪市的教育支出占比一直高于常山县，最大差值达到 7.3%。第二，教育规模与质量。如表 3-4 中所呈现的，慈溪市在学校数量、师资配备、学生数量等多方面均优于常山县。为推进义务教育均衡发展，慈溪创新推出校长教师轮岗交流，打破传统固定格局。此外合并城区与乡镇学校，大胆尝试教育集团化办学，逐步打造教育城乡共同体。

表 3-4　　　　　　常山县与慈溪市教育相关指标比较

主要指标		常山	慈溪
学校数（所）	幼儿园	57	174
	小学	27	79
	初中	7	48
	高中	4	15
教职工数（人）	幼儿园	1066	8195
	小学	1150	4492
	普通中学	1153	6472
专任教师（人）	幼儿园	577	4225
	小学	1141	5367
	普通中学	1060	4681
在校学生数（人）	幼儿园	8071	54159
	小学	16112	97183
	初中	8095	35879
	高中	4617	17724
15 年教育普及率（%）		98.62	—
初中毕业生入高中段比例（%）		98.63	99.88
高中段毛入学率（%）		98.34	—

资料来源：历年《衢州统计年鉴》《宁波统计年鉴》。

近年来，常山县以结对发展为抓手，紧扣"高效率推进、高质量落实"总要求，持续推进城乡教育资源均等化。全县 7 所小学、4 所初中分别进行了城乡结对，实现师资共享、教育资源共享。学校结对经过实践检验取得了良好成效，常山加大财政资金投入将结对范围从中小学扩展到幼儿园，大大提高了农村学生的教育质量。和慈溪相比，常山义务教育段高学历教师占比低，小学本科学历教师占比 87.71%，初中研究生学历教师占比 1.6%，距离省级要求（初中段 8%）差距较大。对此，常山县应积极学习慈溪的先进经验，促进两地教师交流，均衡资源配置，着力打造教育共同体。

2. 常山和慈溪地方卫生发展水平

中国特色社会主义进入新时代，我国的社会主要矛盾已经转化为人民日益增长的美好生活需要和不平衡不充分的发展之间的矛盾。群众对优质医疗卫生资源的需求更加强烈，政府应该将群众卫生健康权益放在构建社会主义和谐社会中统筹安排部署。常山县、慈溪市近年来不断提高医疗卫生支出，切实保证群众健康权益。常山县的医疗卫生支出从 2018 年的 51651 万元增长至 2021 年的 61763 万元；慈溪市从 2018 年的 144843 万元提升至 2021 年的 224264 万元。如图 3-3 所示，

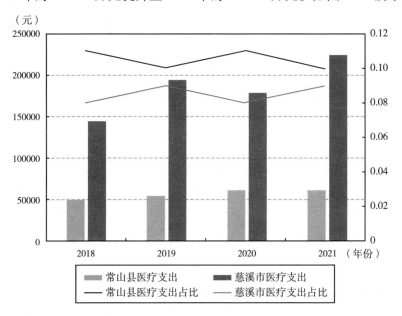

图 3-3 2018~2021 年常山县、慈溪市医疗卫生相关指标比较

常山县 2018～2021 年医疗支出占比呈波动变化，但均高于慈溪市。根据中投顾问的投资环境报告显示，慈溪市医疗卫生服务水平在浙江省县域内排名第 5（总共 91 个地区），而同时期的常山县排名第 78，可见常山县的整体医疗卫生水平尚且不足。

慈溪作为国家卫生城市，医疗卫生服务建设走在浙江前列。2022 年慈溪市引入绩效考核机制，以"五问五破、五比五先"推动系统上下"比作风、赛业绩"，加快打造一流公卫服务体系。深化医共体改革，推进医疗与慢病指导、家庭医生签约服务等有机融合。此外逐渐完善健康慈溪推进工作机制，提高中医药、妇幼健康和精神卫生服务水平，开展"一老一小"优质服务提升行动，2022 年新增婴幼儿托位 1270 个，实施 60 岁及以上老年人健康体检同质同标，加快全民全程健康服务体系构建。

随着老龄化问题的严重，加强老年健康服务体系建设将会是卫生健康工作的重点。常山必须以问题为导向，抓紧补齐短板。一方面优化医疗卫生配置。加大与省级医疗院所的合作力度，根据本县县情完善医疗供给体系；深化医疗改革管理，全面提升医院经营能力和健康保障能力。另一方面加强队伍建设。引入高端先进人才技术，破解小县城看病难、看病贵等难题；培育本土人才，兴办医疗康养项目，促进自身医疗实力提档升级，做好群众生命健康的守护人。

3. 常山和慈溪地方科技创新水平

城市的发展离不开科技的进步，科技给城市发展带来新的技术、思维方式和发展道路。山区 26 县急需科技创新带来的生产力的提升。常山县充分认识科技的重要性，一直将科技是第一生产力作为理论指导，近年来不断增加财政对科技创新的投入，从 2018 年的 12402 万元增长到 2021 年的 12781 万元，在 2019 年出现投入峰值 15754 万元。但是反观近年常山县科技支出占比指标，则一直处于比较低的水平。如图 3－4 中所反映的，不管是科技支出总量还是科技支出占比，常山县都与慈溪市存在较大的差距。在 2021 年，慈溪市的科技支出是常山县的 29 倍，科技支出占比相差 15%。

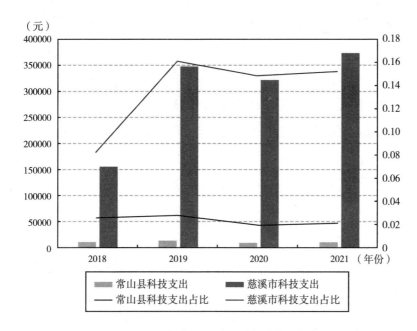

图 3－4 2018～2021 年常山县、慈溪市科技支出占比及比较

从科技创新成果来看，2022 年慈溪市全年全市专利授权 17436 件，其中发明专利 1895 件；常山县完成专利授权 949 件，其中授权发明 52 件。慈溪市的专利授权量是常山县的 18 倍，可见常山县的创新活跃程度远弱于慈溪市。2022 年慈溪市新认定浙江省科技型中小企业 468 家，而同时期的常山县全年新认定省科技型中小企业为 67 家，与慈溪相比尚存在较大的差距。

慈溪作为国家首批创新型县（市），提出在突破核心技术、拿出原创性成果上下功夫，在更多领域实现从"跟跑"到"并跑"乃至"领跑"。常山应主动学习先进经验，加强两地科技合作，创建飞地吸引高新技术入驻和产业迁移，提高自身县域创新能力，加快城市经济发展和智慧化进程。

4. 常山和慈溪地方文旅事业发展水平

随着现代化发展，共同富裕关键在于物质和精神文明相协调，浙江省为打造高质量发展建设共同富裕示范区，重点推进全域精神富有。破题精神富有，文旅事业发展是关键。近年来常山不断增加对文旅事业的财政投入，从 2018 年的 8709 万元到 2021 年的 12237 万元，近几年的文旅支出都能占到总支出的 2% 左右，为常山的文旅事业持续发展提供了资金保障。

在政府的推动下，常山公共文体设施日渐完善，并从"由少到多"向"由多到优"转变，2022 年县图书馆被评为浙江省首批"满意图书馆"，县文化馆成功创建国家一级馆，完成 94 个"15 分钟品质文化生活圈"、3 个南孔书屋、2 个文化驿站、15 个乡村博物馆建设，积极打造了"宋诗之河"并成功入选全省首批文化标识建设创新培育项目。2022 年常山在旅游业方面成果丰硕，全年累计接待游客 176.5 万人次，实现旅游总收入 20.2 亿元。成功获评省级全域旅游示范县。成功创建 AAA 景区城，6 个 AAAA 景区镇、8 个 AAA 景区镇、42 个 AAA 景区村、180 个 A 级景区村，在全市率先实现城镇村景区化全覆盖。成功举办各类文旅活动，其中规模最大的"常山 UU 音乐节"举办地徐村两天共接待游客 1.3 万人次，实现旅游消费总额 70 余万元，在推动常山当地文旅事业发展的同时有效拉动了经济增长。

从现有情况来看，常山县的文旅事业还存在一定的问题。一是文化产业单一，以传统产业为主。常山现有文化产业大多依托当地特色农产品，如胡柚、山茶油等，文化产业链较短，对旅客的吸引力不够。反观慈溪市匡堰镇，紧紧围绕本镇特色青瓷和杨梅，通过开发特色旅游产品，打造杨梅、青瓷 IP，精心设计精品旅游线路，以文旅促文明，打造人景相融的文明乡镇，实现了文旅的高端化、精品化。二是文化产品单一，缺乏创新以及核心品牌效应。常山特色产品山茶油具有较高营养价值，但是由于价格高昂尚未获得市场高度认可，加之未能形成自身品牌，向前发展困难重重。这一方面慈溪市龙山镇有自己独特的做法——突出"文化＋"理念，赋予每一样产品深厚的文化价值底蕴，将文化与旅游、体育、制造等深度融合，打造符合年轻人口味的新颖产品，同时借鉴《中餐厅》等节目扩大宣传，形成自主品牌。可见常山的文旅发展在做深做精做优方面还有大量的工作需要推进，未来可以和慈溪的特色乡镇形成对点学习，进一步延长自身文旅产业链，在市场上竖起常山的文旅旗帜。

（三）常山和慈溪地方政府财力比较

财政是国家治理的基础和重要支柱，在扎实推进共同富裕的进程中，公共财政要充分发挥资源配置、收入分配、经济稳定等职能。一方面，财政要促进地区经济增长，带动社会财富高水平积累，实现人民生活富裕；另一方面，财政要充分发挥调节作用，持续缩小城乡差距，促进社会和谐公平。探索财政使用效益最大化是政府治理的基本课题，而用好财政的前提是清楚地分析政府的支出收入组成及其行为。

1. 常山、慈溪地方政府财政收入规模及结构

分税制改革之后，地方政府的部分财权上移中央，而随着近年来事权的不断下放，把握好地方事权与财权的相对平衡成为重要工作。常山县和慈溪市的具体财政收入规模如表 3－5 所示。2016～2021 年

常山县和慈溪市财政收入规模日渐扩大，常山县从 2016 年的 127189 万元增长到 2021 年的 247827 万元。从财政收入规模可见常山县的经济正处于高速发展时期，在 2021 年财政收入增速达到惊人的 24.5%。慈溪市的财政收入在高水平上保持稳定增速，在 2016 年财政收入规模为 2449272 万元，为常山县的 19 倍；2021 年财政收入达到 3876780 万元，为常山县的 15 倍，六年间两地的财政收入倍差呈缩小趋势。从两者的比较来看，常山县虽然财政体量远小于慈溪市，但是近年来紧紧抓住浙江省山海协作工程以及山区 26 县加快发展战略的机遇，以远超平均的经济增长率逐步缩小差距，在未来常山县还将进一步挖掘经济潜力。

表 3 - 5　　2016～2021 年常山县、慈溪市财政收入规模及增长率

年份	常山县		慈溪市	
	财政收入规模（万元）	财政收入增长率（%）	财政收入规模（万元）	财政收入增长率（%）
2016	127189	2.1	2449272	11.0
2017	139715	9.8	2901270	18.5
2018	170929	22.3	3317675	14.4
2019	189447	10.8	3525261	6.3
2020	199038	5.1	3555115	0.8
2021	247827	24.5	3876780	9.0

资料来源：历年《衢州统计年鉴》《宁波统计年鉴》。

根据我国现行财政统计口径，一般公共预算收入包含税收收入和非税收入。通过分析一般公共预算收入的组成结构可以窥见背后的政府行为，对城市的发展具有极其重要的作用。如表 3 - 6 中所呈现的，由于减税降费等国家政策影响，常山县非税收入规模在 2016 年至 2021 年间波动变化，在 2017 年达到顶峰 34127 万元。慈溪市由于自身经济

体量庞大，非税收入总体规模远超常山县，在 2016 年慈溪市的非税收入达到 161988 万元，是常山县的 5.6 倍，在 2021 年慈溪市的非税收入更是迫近 350000 万元，是常山县的 12 倍，两地非税收入的差距正在不断拉大。从非税收入占比（非税收入/一般公共预算）的角度来看，常山县在 2020 年之前非税收入占比均在 20% 之上，在 2017 年更是达到 34.5%。与常山县相比慈溪市的非税收入占比相对合理，历年平均在 15% 左右。究其原因：一是慈溪市的第二产业为县域主导产业，工业企业形成带来稳定的税源，每年的税收保持高水平增长；二是慈溪市属于浙江省减税降费等改革前沿，服务型政府的建设使得非税收入规模的增长得以有效控制。未来，常山县还要积极引入完整产业链，开拓税源提高域内税收收入。

表 3-6　　　　2016～2021 年常山县、慈溪市非税收入及占比数据

年份	常山县		慈溪市	
	非税收入 （万元）	非税收入占比 （%）	非税收入 （万元）	非税收入占比 （%）
2016	28825	30.7	161988	16.8
2017	34127	34.5	225142	14.3
2018	22801	20.8	245722	13.7
2019	27393	23.2	326882	16.2
2020	15908	13.0	287688	14.3
2021	28593	11.2	349633	15.5

资料来源：历年《衢州统计年鉴》《宁波统计年鉴》。

2. 常山、慈溪地方政府财政支出规模及结构

财政支出是政府行为的具体体现。从常山县、慈溪市 2016～2021 年的财政支出数据来看，常山县除了 2020 年的财政支出出现负增长，其余年份均保持增长势头，从 2016 年的 351516 万元到 2021 年的

615529 万元，平均增长率在 15% 左右。慈溪市在六年间全部保持正向增长，其 2016 年的财政支出规模达到 1457152 万元，为常山县的 4 倍，在 2021 年慈溪市的财政支出规模达到 2465089 万元，为常山县的 4 倍，两地倍差基本持平。

表 3 - 7　　　　2016～2021 年常山县、慈溪市财政支出规模及增长率

年份	常山县		慈溪市	
	财政支出规模 （万元）	财政支出增长率 （%）	财政支出规模 （万元）	财政支出增长率 （%）
2016	351516	19.2	1457152	16.1
2017	377589	6.9	1514577	3.9
2018	470519	19.8	1885582	24.5
2019	556540	15.5	2165691	14.9
2020	547839	-1.6	2173319	0.4
2021	615529	11.0	2465089	13.4

资料来源：历年《衢州统计年鉴》《宁波统计年鉴》。

在共同富裕视角下，民生性支出对缩小城乡差距、推进全体共富有着重要作用。民生性支出主要涵盖政府财政支出中教育、医疗卫生、社会保障等公益性社会性支出，而教育和医疗构成的民生性支出能显著提升居民幸福感，有利于共同富裕建设。基于此，选定教育支出、医疗卫生支出、社会保障支出三项作为民生性支出的代理变量，来比较常山县与慈溪市之间民生性支出及占比。通过表 3 - 8 报告的数据来看，从规模角度出发比较，慈溪市由于自身财政体量庞大，民生性规模远超常山县，2016～2021 年间两者之间的倍差稳定在 4 左右，与财政支出总规模的倍差相近。从民生性支出占比比较，常山县自 2016 年起每年的占比均高于慈溪市，这对常山县而言是持续推进共同富裕的优势条件。随着社会经济的进一步发展，常山居民对于医疗、就业、教育等民生领域的偏好与日俱增，想要促进共富建设必须对政府在民

生相关领域的投入有更高的要求。

表 3 - 8　　　　　2016～2021 年常山县、慈溪市民生性支出规模及占比

年份	常山县		慈溪市	
	民生性支出规模（万元）	民生性支出占比（%）	民生性支出规模（万元）	民生性支出占比（%）
2016	133998	38.1	527471	36.2
2017	148567	39.3	587258	38.8
2018	179153	38.1	614200	32.3
2019	199970	35.9	769099	35.5
2020	220262	40.2	812792	37.4
2021	207706	33.7	837005	34.0

资料来源：历年《衢州统计年鉴》《宁波统计年鉴》。

3. 常山、慈溪地方政府生态环境建设比较

以自然资源承载力为实现共同富裕最大可能的约束边界，是实现共同富裕必须遵循的自然尺度。在"双碳"目标和实现高质量发展的背景下，城市发展必须兼顾好经济发展与生态保护之间的平衡关系，以生态破坏为代价的经济富裕不是真正的共同富裕。在"两山理论"的指引下，必须以实现人与自然和谐共生为发展目标，这样才能有利于提高人民生活的幸福感、安全感与获得感。近年来，常山县、慈溪市坚定不移走生态文明的道路，着力建设绿色城市。如图 3 - 5 中所呈现的，2018～2021 年常山县的节能环保支出在总体层面呈现上升趋势，保证每年的节能环保支出占比在 2% 以上，在 2021 年达到了 3.3%。慈溪市的节能环保支出存在波动调整，历年支出占比稳定在 1% 左右。常山县作为国家重点生态功能区、国家级生态示范区、第七个国际慢城，始终坚持经济与生态并行发展，不断推动常山县生态文明建设迈入新时代。

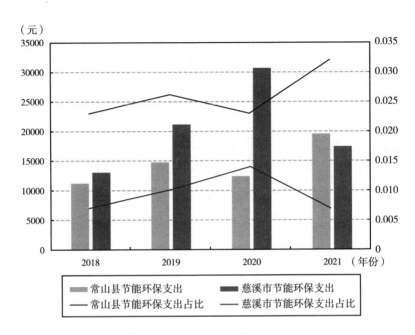

图 3-5 2018~2021 年常山县、慈溪市节能环保支出及占比

从共同富裕全域美丽建设相关指标来看，常山县和慈溪市近几年在生态环境保护上取得了较大成就。常山县 PM2.5 平均浓度从 2020 年的 27 微克/立方米降至 2022 年的 25 微克/立方米，同时城区环境空气质量优良天数连续稳定在 350 天以上，饮用水水源地水质达标率则稳定在 100%，在此期间常山县的绿化覆盖率从 2020 年的 41% 提升至 2022 年的 43.8%。慈溪市的生态环境也在持续转优，PM2.5 平均浓度从 2020 年的 29 微克/立方米降至 2022 年的 26 微克/立方米。在水源保护方面，保证饮用水水源地水质达标率在 100%，县控及以上地表水水质功能达标率从 2020 年的 40% 提升至 2021 年的 59.1%。在城市绿化方面，慈溪市不断推动植树造林等国土绿化项目，两年间绿化覆盖率提高 3.5%，在 2022 年达到 44.9%。未来常山还将持续推进生态保护工程，巩固现阶段取得的保护成果，加快构建美丽常山。

三、常山县和慈溪市共同富裕的差异

经过十多年的山海协作，常山县通过自身的不懈努力以及慈溪市的帮扶协作取得了一定成就。按照常山县未来作为"浙西第一门户"的区域影响力，成为全面展示绿色发展、生态文明、社会治理、区域协作的"重要窗口"，与全省同步基本实现高水平现代化的发展要求，常山必须坚持以问题为导向，充分认识到自身的发展短板。通过两地的具体比较，可以明显发现常山县在产业基础、人才招引、公共服务建设、财政规模等方面与慈溪市存在较大的差距。

（一）产业基础薄弱，缺乏支柱产业

作为全国百强县，2021 年慈溪市经济总量达到 2379 亿元，排在浙江县市之首、全国县市第六。慈溪市庞大的经济总量绝大部分来自其第二产业，2021 年慈溪市的工业制造业占比高达 61.2%，全市工业增加值 1358 亿元，稳居浙江第一。第二产业的不断扩大得益于慈溪市小家电支柱产业的发展，全市有家电整机企业近 2000 家，配套企业近万家，市场规模超出 1000 亿元，以家电制造集群发展带动县域经济蓬勃增长。反观常山县产业发展现状，产业仍以轴承等为代表的传统工业为主，产业总量规模小的同时还未能建设好常山的主导产业，发展缺乏强劲动力。

全方面审视常山县的产业结构，明显存在一些短板。一是产业总体呈现落后状态。从 2021 年各行业的占比数据来看，常山县产业结构偏重，资源消耗较大、要素制约趋紧，万元 GDP 能耗偏高，同时现有

产业平台承载力不强，科创成果转化率较低，"高碳低效"工业占比较大，加快绿色高质量发展整体支撑相对不足。二是绿色产业规模较小。面对需求收缩、供给冲击、预期转弱的三重压力，常山县绿色经济体量不大，抗压韧性不足，对冲不稳定因素的能力较弱。现有绿色化发展的主要路径和模式还集中在生态农业、生态旅游等层面，生态资源资本化转化能力不强，直接利用、间接利用、使用权交易、生态服务交易、发展权交易、产业化等生态资源资本化的实现途径都有所涉及，但深度还有待进一步挖掘。三是产业数字赋能属性不强。常山县的产业数字化仍然停留在信息渠道畅通等数字化初级阶段，尚未实现从数字化向智能化深层次转变。以常山县传统主产业"两柚一茶"为例，除部分大型企业以外，绝大多数企业数字化意识转变不强、数字化人才队伍建设落后、数字信息集成能力欠缺，尚未能建立产业信息共享智能云平台。

（二）人才招引困难，缺乏培养体系

慈溪市的产业发展除了自身产业链发挥的重要作用，人才也发挥了至关重要的作用。慈溪市每年出台相应政策吸引慈籍大学生返乡发展，同时还虹吸杭州、宁波地区部分高级人才留在慈溪发展，为慈溪市的高端技术产业发展以及传统产业转型提供了重要的人才支撑。相较于慈溪市，常山县发展面临人才缺乏的困境，具体体现在人才引进难、人才留住难两个方面。

1. 人才引进难

常山县的第三产业、高端制造业、现代农业发展存在明显滞后，这与经济发展难以吸引相关人才有重要关系。常山县每年招引外来人才难度大，同时常山籍的大部分高校大学生选择在外地发展而使得常山县丧失了重要的人才后续储备。究其原因，一是缺乏自然区位优势。常山县地处浙西，是浙江省山区 26 县之一，远离长三角核心发展区，缺乏吸引人才的区位优势。二是经济要素人才外流压力大。常山县的经济发展相对落后，城镇化水平不高、交通条件受限、公共服务水平不高、人才政策较少，虹吸效应使得当地人才不断外流。三是缺乏人才链。常山县搭建的人才引进平台广度、深度不够，人才引进链条缺失，难以产生"引进一名领军人才，带动引进一片人才"的集群效果。

2. 人才留住难

一方面，人才生态环境落后。常山县以公共设施为代表的人才生态环境较为落后，对人才的吸引力不够。同时地方人才政策和福利后续跟不上，再加上晋升和发展空间小，人才在现实压力下会不断减少自己在基层发展的意愿。另一方面，人才培养体系欠缺。人才和产业是相互成就的，先进产业带动人才进步，人才发展推动产业更迭。常山县由于第二产业还是以传统产业为主，所以相对应的先进人才培养平台、人才发展机会等欠缺，最终导致对科技型人才的培育作用推力不足，本土人才较难形成。此外，常山县尚未形成"引用育管留"全链条人才体系，部分外来人才在本地难以找到相对应的发展机会，造成人力资源闲置，难以持续推进"人才链"和"产业链"双链融合，实现产业和人才的双向同步发展。

（三）公共服务存在短板，公共服务水平有待提升

2022 年慈溪市的城镇化率达到 80.1%，而常山县的城镇化率只有 51.1%，远低于全省 73.4% 的平均水平。城镇化发展的滞后导致常山县公共服务水平发展速度缓慢，在多项公共服务设施上出现明显短板。

从具体来看，常山县的公共服务短板体现在数量和质量两个方面。一方面，公共服务数量少。在教育方面，常山县城镇仅有 3 所公办初中，4 所农村初中也仅分布在大镇，在整个县域维度上缺乏优质教育。在医疗方面，常山县仅有一家二级甲等医院，乡镇医疗卫生发展状况参差不齐，部分乡镇缺乏综合卫生室，医护人员资源匮乏。在乡镇建设方面，没有参与文旅开发的乡镇居民住宅普遍老旧，村中建设的文化大礼堂普遍存在闲置现象，平时文化活动入村少，村民文娱生活单一。另一方面，公共服务质量低。从中投大数据发布的《常山县投资环境评估分析报告》披露的数据来看，常山县以医疗卫生、教育、社会保障服务水平为代表的公共服务得分为 55.3，全省排名第 41 位（91），处于浙江省第二纵队，与高水平还存在较大差距。落实到具体细处，在交通方面，常山县高等级公路总体密度较低，站场设施建设落后，城市综合交通体系有待完善。在文化建设方面，常山县文化供给质量较少，城乡居民的文化参与度低，2022 年图书档案馆、文化中心、传媒中心都处于在建中。此外，常山县公共服务的数字化、现代化程度较低。一是数字化融合作用不强。常山县现有农业产业大部分处于传统农业智能化的初级阶段，智能化数字大棚、市场信息共享等深层的数字化产品较为欠缺。二是数字化人才队伍建设薄弱。现有产业劳动力素质水平不高，在高端智能制造领域尚未打造出本土尖端人才队伍。三是数字化覆盖范围小。数字智能目前只应用于县城的城市治理、高端产品制造等小部分领域，社区、乡村等基层地区对智能化治理对需求和供给不匹配。

四、山海协作推进常山县发展的思路

慈溪市是底蕴深厚的制造业强市，也是农业现代化的重要标杆城市。作为民营经济的先发地，慈溪市创造了全国县域城市经济发展的辉煌奇迹。作为创新城市，慈溪市在共同富裕建设的过程中走创新驱动之路，从创新发展思维到发展模式再到发展主体，始终将创新作为推进农村共富共美的重要动力源。同时慈溪作为国家数字乡村试点地区之一，借助数字化加快推进未来乡村建设，全力打造具有慈溪地域特色的现代化共同富裕基本单元。慈溪市从人才培养、创新机制、数字赋能等方面推进共同富裕建设的经验，为常山县加强共同富裕深入发展提供重要借鉴。

（一）党建引领，以人才助力共同富裕发展

人才是兴国之本、富民之基、发展之源，同时人才是驱动创新、引领发展的第一资源。慈溪市政府充分认识到人才对自身发展的重要意义，在"十四五"人才规划的指引下，多头并进，旨在将慈溪建成各类人才荟萃、区域联动活跃、发展动力强劲、人才生态一流的长三角高素质人才重要集聚地。在对乡村振兴人才建设的探索中，慈溪市以"摸着石头过河"和"勇于试错"的精神探索出了一条以党建为引领，带动打造乡村建设人才链条的成功之路。常山县目前正面临人才引进难、人才留住难两方面问题，人才工作处于发展困境。常山县可以根据自身现实需要分解、提炼、总结慈溪市的优秀做法，对常山县人才工作提供相应启示。

1. 培育"头雁"，当好农村发展带头人

如何深刻践行"先富带后富，逐步实现共同富裕"？慈溪市从党建入手，写出高分答卷。为了解决"发展什么"这一根本问题，慈溪市由村组织、合作社等牵头，因地制宜充分分析每个村的自然区位优势，

各自选择发展最优产业。解决好"发展什么"就要着力确定"怎么发展"，慈溪市借助党员、党组织等现有资源平台，在每个村镇产业发展地确立产业带头人，形成地区内产业发展人才领头雁群，为周边农户发展提供参考范式，在提供发展经验等同时还能给予相关技术支持。同时政府积极举办"党员带富能手"等评奖活动，通过物质精神激励提高"头雁"带富积极性。常山县要学习慈溪市的优秀人才培养模式，积极探索以"党建联建"为引导、"头雁带富"为依托的区域成片发展机制。一方面可以积极培育本土"头雁"，形成以点带面的乡村人才发展路径，通过人才网格员等方式拉起乡村共富之网；另一方面可以借助山海协作平台，从慈溪引进外来"头雁"，系统提升综合发展能力。同时，常山县政府还应畅通人才培育机制，既要有致富带头人，还要有后续源源不断的致富力量。

2. 引回"归雁"，打造本土人才队伍

近年来，慈溪市陆续启动"凤来雁归""家燕归巢"等人才招引计划，旨在畅通人才入慈渠道，积极打造全方位青年人才智库，为各专业青年人才提供展示舞台。第一，鼓励青年反馈社会。慈溪市借助团委平台，与浙江大学、复旦大学等杭州湾知名高校组建成立慈溪·环杭州湾名校团建联盟，形成多方团委合作格局，吸引长三角高校学生来慈调研发展，为乡村发展提炼经验，用实际所学回馈社会。第二，唤起学生归乡情。慈溪市采用高灵活和自主性的资源整合模式，为慈溪籍大学生提供丰富的实习就业机会，既满足大学生"专业有所长"，也实现慈溪用人单位的用人需求与高质量劳动力市场的精准对接，给更多青年提供报效桑梓的舞台。第三，吸引乡贤回归。以新浦镇为代表，慈溪市多地以乡贤联谊组织为平台、以乡情亲情为纽带，打好乡贤回归牌，助推乡村新发展。在经济建设方面，通过乡贤加速招商引

资，着重发展村镇项目，推进技术向基层转移；在社会治理方面，打造以乡贤智囊团为支撑的社会治理新模式，在法治中融入德治，营造良好的乡村社会氛围。在大学生引聚计划下，常山县近几年大学生招引数每年保持30%的增长率，未来常山引回人才的工作还需向纵深发展。一方面，注重个性化引才。充分掌握常山企业和常山大学生两方市场需求，改变过去信息不对称的弊病，更好实现精准对接，提高常山大学生回归意愿。另一方面，人才回归多样化。除了吸收在外大学生，还应该注重引回在外优秀企业、乡贤等，利用慈溪—常山合作园、美好乡村建设等项目为返乡人才提供发展机会，为常山的人才发展厚植原动力，助力共同富裕的实现。

（二）创新机制，高水平谋划共同富裕发展道路

农业农村问题是关乎国计民生的根本性问题。农业农村现代化作为中国式现代化的重要组成，要求我们必须坚持用大历史观看待农业、农村、农民问题，深刻理解解决"三农"问题的重要性，创新提出"三农"工作新思路、新方法、新战略，推动农业农村工作取得历史性成就、发生历史性变革，助力实现乡村振兴。慈溪市牢牢把握中国式现代化的中国特色、本质要求和重大原则，在乡村振兴工作上，坚持从农村发展、农业进步、农民受益三方面出发，在实际工作中凭借创新发展的理念探索出全新共富之路。常山县应从慈溪市的发展思路中找到经验启迪，坚持新发展理念，培育乡村振兴新动能。

1. 思路创新，走好生态富民之路

经济发展和生态保护是互相促进的，在经济发展的同时必须兼顾生态建设，同时生态效益也可以转化为经济效益，实现生态与经济的

双赢。慈溪市胜山镇转变过去传统的发展思想观念，创新提出"生态富民"，以"五水共治"为契机，在全镇范围内加大水域统筹管理，引入排口智能化治理系统，通过数字化、智能化方式开展实时监测，严防污水入河。胜山镇对河流质量的严格把控是一种对生态资源的保护，为全镇打造"共富工坊"发展红菱产业提供了环境保障，同时红菱产业的兴起带动全片百姓增收致富，这意味着生态保护对胜山镇的乡村富裕建设起到了关键作用。胜山镇坚持走绿色发展之路，深入践行"绿水青山就是金山银山"理念，探索打造乡村生态共富圈，真正实现了从环境整治到百姓增收再到生态共富。常山县拥有丰富的生态资源，县域内河流、森林、矿石、动植物等自然资源丰富，潜藏的生态价值高。辉埠矿山公园整治是常山县挖掘自身生态资源的有益探索，项目的成功充分展现了常山县生态效益与经济效益转化的可能性，也彰显了走绿色发展道路的强劲动力。未来，常山县要充分发展生态经济的科学性、合理性、有益性，将生态富民之路逐渐扩大到"生态 + 文旅""生态 + 产业"等更多方面来，通过山海协作平台学习慈溪市建设共富工坊的有益做法，真正将固态的生态资源转化为流动的经济资源，更好满足人民的美好生活需要。

2. 模式创新，建立协调发展共富机制

共同富裕强调的是既要实现高质量生活水平，又要实现全体覆盖面，注重均等化。慈溪市在县域范围内不断探索全民共富机制，改变过去以点带动全局的发展模式，创新推出村镇抱团富裕、成片发展，真正实行建设过程人人参与，建设成果人人共享。慈溪市围绕资源分布和产业特色，以产为基、以联为媒，通过跨村域的组织共建、发展共谋、事务共商，推进乡村片区组团发展。多村镇联合为慈溪市的发展提供了新的历史机遇，一方面发展联合化可以实现在更高层次上对

资源的统筹把握，便于做出更优更合理的资源配置；另一方面政府建设的公共基础设施可以辐射更大的范围，提高居民生活幸福指数的同时降低社会治理成本。在成片发展模式下，慈溪市构建起"乡村大脑"指挥驾驶舱，推出"万安通"便民小程序，还加速建设乡村智慧共享农场、未来双创中心等，让乡村真正开出了共富之花。慈溪市借助现有网络资源，由市委统战部牵头建立了全国首家电商统战社团组织，通过与宁波大学合作，建立电商学院等培养复合型电商产业人才，为慈溪市传统家电行业转型升级和"走出去"赋能蓄力，实现家电企业抱团共同发展。未来常山县可以从探索共富机制着手，以模式创新为引领，探索更多致富机遇。在常山县何家乡盛行的剥豆就是典型的共富工程，未来常山县可以通过政策引导、财政支持等方式逐步将剥豆发展为当地特色产业，实现留守老人、残障人士的经济价值转化。在产业发展方面，常山县现行布局的"一只果、一张纸、一方石、一片芯、一滴油"产业，也可以借鉴慈溪的行业联合发展模式，通过建立企业联合协会、电商联盟等方式，让参会企业联合产生"1＋1＞2"的效果。在山海协作的框架下，常山县甚至可以探索跨县域共富，推动常山企业加入慈溪企业联盟，加速本地区企业"走出去"的进程，扩大产业规模和影响力。

3. 主体创新，做好乡村振兴的角色定位

慈溪市主动调整政府在乡村振兴中的角色定位，从过去的"旁观者"力求转变为"建设者"，成为乡村振兴的重要主力量。第一，规范细化财政资金。改变过去大水漫灌式的资金补助，细化产业内容，出台支持特定领域的专项资金，通过政府参与提高财政资金的补助效益，为产业孵化提供资金保障。第二，引导参与产业建设。针对弱势村和企业，政府积极帮忙规划产业建设，同时组建专家智囊团队，特异性

提供技术帮扶，当好企业和人民的"店小二"，为产业发展铺好前路。第三，奋力保障全民共富。在产业发展问题上，政府开设青年人才培训班，为产业发展提供人才支撑，确保产业发展运行在正轨之上；在产业效益分配问题上，政府参与探索成果分配机制，确保发展成果人人共享，提高全民参与的积极性。未来常山县要加强服务型政府建设，提高在常山乡村振兴发展前、中、后全过程的参与度，做好"有求必应、无事不扰"的服务员。同时政府不仅要当"店小二"，还要当好"店小二"，制定政策做到精准恰当，避免所有问题"一刀切"，规范财政资金使用，为共同富裕建设保驾护航。

（三）数字赋能，加快共同富裕建设路径

数字化建设作为现代化建设的重要组成，加快数字乡村建设是推进乡村振兴的必由之路。在数字浙江"全省一盘棋"的统一布局下，慈溪市围绕数字产业化、产业数字化两大核心，在城市治理、产业转型、乡村振兴等多方面取得优异成绩。在乡村数字化建设方面，慈溪市在乡村开展广泛试点，从实际需求出发，将数字化融入乡村实际运行场景，推动数字化乡村建设。未来常山县可以学习慈溪市的数字建设经验，不断将数字应用场景推向多元化、生活化、便捷化，真正实现高水平的数智融合，绘就新时代田园风光。

1. 智能互联，助力高效能基层治理

基层治理是国家治理的重要基础。慈溪市充分发挥科学技术对基层治理的支撑作用，将数字技术全链条、全周期融入基层社会治理。一方面，慈溪市桥头镇打造创新乡村数字自治平台，运用数字集成和区块链等新技术，聚焦"村"级基本单元，注重突出村民主体要素，

积极探索积分激励机制和信用分应用场景，通过积分排名激发村民比学赶超的劲头，提高网格化村域治理下自治效率。另一方面，以数字化加强村级监督。慈溪市搭建覆盖市镇村三级的"农业农村数字大脑"，结合公权力监督应用，通过数据监测、实时汇报等手段强化对村集体的监督。同时依托数字化平台建立激励和引流机制，提高村民参加村级监督的积极性。数字化提升乡村品质。慈溪市桥头镇成立首个乡风文明数字化志愿服务联盟，以数字化平台为依托，志愿者服务队组团开展志愿服务。同时数字化应用"共享冰爽爽"，提升为农服务能力，推动农户增收致富，展现共同富裕图景下的数字乡村。常山县要学习慈溪市数字乡村建设的先进做法，以数字化、智能化建设为支撑，赋予乡村发展全新动能。同时还可以进一步深化山海协作，实现村的对点帮扶，对现有数字化技术进行更迭升级，聚焦乡村民生服务数字化，将智慧医疗、智慧养老、智慧社会等更多场景融入乡村发展，打造数字乡村新业态。

2. 数智赋能，打造产业发展新引擎

持续推进数字经济特别是推进产业数字化转型是稳增长的重要措施之一。慈溪市牢牢把握时代变革趋势，迎赶数字化改革新浪潮，早在2018年就实现了规上企业智能化技改全覆盖，在2022年已经有9家省级新一代信息技术与制造业融合试点示范企业和11家省级"互联网＋制造业"融合试点示范企业，数量领跑全省各县市区。在注重工业智能化的同时，慈溪市全力打造智慧农业，积极宣传"慈溪智农"品牌，推进农业数字化改造，争创数字乡村新高地。慈溪市数字农业农村发展总体水平达到80%以上，获评全国县域数字农业农村发展水平评价先进县。由于特殊的地理区位，常山县农业历来是重要组成部分。常山县以"两柚一茶"为代表的传统农业拥有庞大的市场规模。未来，

常山县必须立足智慧农业，实施"智能＋农业"转型升级行动，推进农业全过程数字化。在选苗育苗阶段，依托数字化引入大数据监测，保证农业成果高标准；在产品加工阶段，加速"机器换人"，采购智能设备推进成品生产效率；在市场推广阶段，打造常山市场平台，推出自身特色品牌。最大程度降低市场信息不平衡，农户切实受益。数字赋能除了传统农业生产还有工业。常山县第二产业产值较低，打造数字产业化提升空间较大。未来，在市场信息集成上可以借助互联网、物联网、云计算、大数据、5G 信息技术等打通企业信息流，对于重点行业建立数字行业协会，打通企业沟通壁垒，实现集块发展。对于企业要加快技改升级，为产业智慧化发展按下"快进键"，学习慈溪市企业智能化改造经验，建立慈常数字化建设协会，优化企业营商数字生态，加快打造工业智能化常山模式。

4 Chapter

第四章
常山县共同富裕建设的实践经验

　　尽管常山是山区县，县情的特点是"八山半水分半田"，经济发展条件差，但是常山县委、县政府高度重视共同富裕建设，充分发挥常山作为山区县的生态优势和资源优势，调动人民群众创业创新的积极性，把资源优势转化为经济优势，把生态优势转化为发展优势，走出了山区县建设共同富裕的路子，不少做法和经验值得借鉴和推广，对高质量发展建设共同富裕有启发。

一、"一只果"带动一片经济发展的胡柚产业经验

　　共同富裕、乡村振兴的关键是产业振兴，这是山区县的难点，也是山区县发展的方向所在。常山县位于浙江省西南部，是典型的"八山半水分半田"的山区县，历史上就有种植胡柚的传统，有"中国胡

柚之乡"的美誉。1998 年，"常山胡柚"证明商标获国家商标局批准通过，成为浙江省第一个农产品证明商标。长期以来尤其是近年来，常山县委、县政府高度重视胡柚产业的发展，积极推动一二三产业的融合发展，把胡柚产业从小做到大，从粗做到精，把胡柚产业培育发展成为当地农业的主导产业，农民增收致富的重要途径。据统计，到2022 年底，常山县胡柚种植面积已有 10.5 万亩，年产量 14 万吨，果品深加工占比超过 35%，全产业总产值达到 30 亿元以上，常山胡柚区域公用品牌价值已经达到 12.2 亿元。常山胡柚先后荣获中国驰名商标、国家地理标志产品、农产品地理标志保护产品等荣誉称号，并入选第二批中欧地理标志第二批保护名单。

（一）发展胡柚产业的实践

产业的竞争归根结底是产品的竞争和品牌的竞争，提高产业的影响力和市场的占有率。经过多年产业的精耕细作和市场竞争的锤炼，常山县积极打造胡柚产业链，提升胡柚品质和价值，带动了农民增收致富，为当地经济发展注入了新的活力，使其成为当地的重要支柱产业之一。

1. 规模经营、品牌效应，提高胡柚产业的竞争力

常山县通过加大对龙头企业的扶持力度，不断推出新产品，深耕市场，提高品牌影响力和市场占有率，充分发挥品牌效应、规模效应，重点支持全产业链升级，推动了常山农业现代化发展。

一是加大力度扶持龙头企业。常山县通过扶持恒寿堂、艾佳等一批优势龙头企业和精深加工基地，研发助销新产品，打造"一份常礼""柚见 80 ＋"等系列高端优质品牌，提高了产品附加值和品质。同时，

常山县开展了特色品牌经营，充分发挥农产品市场协会作用，制定"一份常礼"区域品牌管理办法，并通过赏花问柚、YOUYOU音乐节、村播带货等主题营销活动的推广，使常山胡柚的品牌影响力和认知度得到了进一步提升，为当地胡柚产业的发展注入了强大的品牌动力，为扩大市场份额奠定了坚实的基础。

二是积极推进胡柚规模经营。制定并认真落实《常山县"两柚一茶"产业高质量发展（2021—2025年）行动方案》，制定任务清单，2022年新增双柚种植面积4000亩，完成香柚营养钵育苗30万株。依托"一份常礼"区域品牌优势，引导种植户按照精品包装销售、高端销售和深加工企业销售等方式。同时，围绕省级现代农业园区、全国农业现代化示范区创建，全面提高"双柚"产业种植规模，新增"双柚"种植面积0.85万亩以上，新增2个千亩级"双柚"科技示范基地（共富果园）。同时，积极推动农业"双强"在双柚产业基础上实施，推广3个千亩级果茶园使用轨道运输、小型微机。这些举措不仅提高了胡柚产业的规模效益，而且有效促进了农业现代化。

三是全方位提升胡柚全产业链竞争力。常山县政府深入实施《常山县"两柚一茶"产业高质量发展（2021—2025年）行动方案》，大力推动各项工程，助力胡柚产业链全面升级。在种植端，县政府推进万亩"共富果园"创建工程，全年打造胡柚共富果园4个以上，其中在青石镇江家畈打造1个千亩级"共富果园"，有力地推动了胡柚种植业的规范化和现代化发展。在营销端，县政府大力推进万亩香柚产业园创建工程，其中在天安村打造集中连片核心基地5000亩，并启动产业现代化管理中心项目，力争成功申报国家现代农业产业园，助力胡柚品牌营销和区域品牌建设，提高其市场竞争力。在加工端，县政府大力推进"万吨产能"提升工程，引进胡柚囊胞加工企业1家，新增年产3000吨香柚加工生产线1条、衢积壳加工生产线1条，新增产能

4 万吨（2021 年累计 20 万吨），有力地促进了胡柚加工业的升级和转型，为果农增加收入提供了更多的选择。在研发端，常山县政府推进胡柚"卡脖子"技术攻关工程，加大科技兴农力度，力争常山柚橙成功加入《中华人民共和国药典》（以下简称《中国药典》）；在基础设施与新型基建方面，县政府大力推进"万方冷库"建设工程，重点完成金惠标准厂房、农投公司、青石镇胡柚集散中心、东日农贸市场、金川街道、球川镇等冷链仓储项目建设，2021 年新增库容 4.79 万立方米，助力提升胡柚产业的物流和仓储能力，保障胡柚的品质和安全，促进胡柚的市场销售和出口。

2. 科研合作，数字赋能，增加胡柚产业的附加值

为了提升当地胡柚产业的质量和效益，常山县政府通过数字化改革、科技攻关和科研合作等手段，为胡柚产业提质增能。

一是产业数字化提升。常山县政府充分利用数字化手段，采用数控监测、水肥一体化、无人机植保等先进技术，建立了 10 个胡柚数字化示范基地，实现了农业科技现代化先行县、农产品产地冷藏保鲜、"互联网＋"鲜活农产品出村进城、数字化应用"先行先试"场景等目标，全面推动胡柚产业的数字化转型，提升了胡柚产业的效益和市场竞争力。通过数控监测和水肥一体化技术的应用，能够及时掌握胡柚生长的各项指标，并对其进行精准管理，进而提高胡柚的品质和产量；无人机植保技术通过对胡柚园的精准喷洒，能够有效防治病虫害，提高农业生产效率。因此，数字化改革的推进为打造更加现代化、智能化的胡柚产业注入了新的动力和活力。

二是加大产业的科技攻关力度。常山注重科技攻关，为了提高当地胡柚产业的技术含量和品质，实体化运作浙江大学（常山）现代农业发展研究中心，启动胡柚新品种选育等四个技术攻关课题，立项实施胡柚全果高值化利用加工技术研究和应用等项目。这些项目和课题的开展为胡柚产业的可持续发展提供了有效的技术支撑。通过科技创新，成功推动了年提取1000吨衢枳壳中新橙皮苷二氢查耳酮代糖产品项目落地，同时还完成了技术攻关和成果转化项目15个以上。在胡柚全果高值化利用加工技术研究和应用等项目中，通过开展的一系列研究工作，实现了胡柚果汁、果酱、果干、果脯等多种加工产品的研发和生产，大大提高了胡柚的附加值和市场竞争力。

三是加强科研合作。常山县积极推动科研合作，加大科研攻关力度，深化与北京大学、浙江大学等高等院校合作，推动胡柚小青果列入《中国药典》。同时，发挥现代农业发展研究中心、专家工作站等科研机构和专家团队的作用，提升胡柚产业的研发水平，加快推进常山胡柚"入典"，完成补充资料递交国家药典委员会工作，促进胡柚品牌的知名度和影响力，进一步推动胡柚产业的发展。

3. 资金保障，财政支撑，夯实胡柚产业的发展基础

常山县委县政府高度重视胡柚产业的发展，通过加大财政资金扶持、深化涉农资金整合、制定农业保险保障政策等措施，发挥财政资金的扶持作用，夯实胡柚产业发展基础。

一是加大财政资金扶持。2020～2022年，常山县政府共安排6030万元的财政资金用于支持胡柚产业的发展，这些资金主要用于胡柚新品种种植补助、胡柚果酱生产设备购置及配套设施、胡柚品质控制研究与推广、胡柚基地标准化建设等方面。同时，县政府还投入5000万元用于乡村振兴油茶产业发展和胡柚集成创新，通过加大科技创新投入，重点支持高端装备零部件和"两柚一茶"特色农产品深加工两大主导产业，着力塑造具有产业辨识度的县域特色支柱产业，有力促进了胡柚产业的升级和发展，提升了胡柚产业的品质和附加值。

二是深化涉农资金整合。在胡柚的熏风中，常山县政府持续深化涉农资金整合，设立"大三农"专项＋涉农资金统筹清单，进一步整合涉农产业政策和财政资金以助力乡村振兴。2022年累计统筹省市专项、债券资金和县本级资金共计3.5亿元，有效保障五水共治、美丽乡村和"两柚一茶"等乡村振兴发展项目。其中，6700万元用于重点支持"两柚一茶"产业链升级，持续实施基层政策性农业信贷担保服务，新增涉农低息贷款2.36亿元，业务量居全省第二。通过打通资金流动渠道，有力地促进了胡柚产业的升级。

三是制定农业保险政策保障。近年来，随着农业保险的不断扩大和政策的积极推广，政策性农业保险已逐渐为农户所接受。为了保障农民的利益，规避自然灾害给农户带来的损失，常山县政府制定了《常山县胡柚、香柚低温气象指数保险工作实施方案》，县政府主动为参加常山胡柚、香柚低温气象指数保险的种植户提供保费的80%作为补贴，农民只需自行缴纳剩余20%的保费。该政策的实施不仅进一步提高了农民抵御自然风险的能力，而且为保障常山胡柚产业的高质量发展提供了坚实的基础。

（二）发展胡柚产业取得的成效

常山胡柚产业的发展壮大，不仅带来了巨大的经济效益，增加了农民收入，而且也带来了显著的社会效益和生态效益，以产业振兴有力地推进了共同富裕建设。

1. 产业振兴带动地区总产值增长

通过强化资金保障、深化涉农资金整合、加大对胡柚产业的扶持力度等措施，胡柚产业成为当地的支柱产业之一，为当地带来了可观的经济收益。同时，数字化赋能提质增效，通过电商平台和互联网等新技术的运用，打通胡柚销售渠道，提高了胡柚的市场竞争力，提升了农户收入，促进了产业链上下游企业的发展，推动了县域经济的繁荣和发展。截至2022年底，常山县胡柚种植面积已有10.5万亩，全产业总产值达到30亿元以上。

2. 提升就业水平与提高产业知名度

胡柚产业的发展不仅增加了农户和企业的经济收入，还带来了显著的社会效益。胡柚产业的发展，从鲜果到果脯、果茶、小青果干片、NFC鲜榨汁、双柚汁，再到面膜、胡柚膏等，这些特色产品绘制出常山胡柚从"鲜果销售"向"精深加工"转变的发展路线，衍生出相关产品70余种，常山胡柚生产、加工、销售全产业链基本成形。通过产业的规模化、集约化带动了农民就业，缓解了城乡就业压力，促进了农村劳动力的转移，据统计，常山县相关从业人员约10万人，直接带动农民增收5.6亿元。另外，通过实施农业保险政策，为当地农民提供了一种有效的保障，降低了农户的风险成本，提高了农民的获得感和安全感，促进了农业的可持续发展。同时，胡柚产业的繁荣提高了农村居民的生活水平，助力了农村地区的现代化进程。

3. 保护农业文化遗产与提升生态环境品质

常山的胡柚产业发展助力当地环境保护和生态建设。胡柚种植通过利用丰富的科技手段，如气象预测、土壤检测、无人机等提高胡柚的产量和品质，改善了土壤和水源，促进了农业的智能化、现代化，提升了当地农业发展水平，维护了生态平衡。同时，胡柚产业的发展推动了农业生产方式的绿色转型，常山胡柚筑坎撩壕栽培系统的成功实践，使其入选浙江省第一批重要农业文化遗产资源名单，同时入围中国重要农业文化遗产名单候选名单。通过生态种植，采用绿色、环保、可持续的种植方式，增强了人们对于生态环境的保护意识，维护了生态环境，有力地推动了生态文明建设和可持续发展。

（三）胡柚产业发展的启示

常山发展胡柚产业的成功经验，不仅为当地经济社会发展提供了重要的支撑，也为农业发展提供了有益的借鉴和启示。

1. 要注重农业产业化，构建完整产业链

在发展胡柚产业的过程中，常山县政府充分把握产业发展的趋势和规律，关注产业链的完整性和发展潜力，构建了从种植、生产、加工到销售的完整产业链条，形成了良性发展循环，通过产业链的延伸和拓展，提高农产品的附加值。在这个过程中，政府、企业和农民通过紧密合作，不断推进农业产业化进程，实现农业产业化、规模化和品牌化发展。这种发展模式使得胡柚产业具备较强的市场竞争力，为农民增收致富奠定了基础。

2. 要注重科技创新，铸就振兴农业基础

科技创新是产业发展的核心动力，常山县政府高度重视科技创新，积极引进和培育相关人才，加大研发投入，推动产业技术进步，取得了不俗的成果。这说明产业发展离不开科技创新，政府和企业应加大科技创新力度，提高产业核心竞争力。另外，产业链协同发展对产业的健康发展具有重要意义。要建立完善的产业链条，也需要注重技术创新、组织管理和市场营销等方面的要求，常山县致力于产业链协同优化和整合，促进各环节的协同发展，构建起完整的产业链条，形成

产业发展良性循环。

3. 要建立品牌认证，提高产品知名度

品牌是产品的生命线，也是农业产业化发展的核心竞争力。近年来，随着消费者对于健康的追求和品质的要求不断提高，农产品的品牌建设变得越来越重要，只有注重产品品质和品牌建设，才能提高产品的附加值和竞争力，赢得消费者的认可。常山县通过对恒寿堂、艾佳等优势龙头企业和精深加工基地的扶持，研发助销新产品，关注产品品质的同时打造高端优质品牌，提高了产品的附加值，为当地胡柚产业的发展注入了强大的品牌动力。

4. 要注重政策扶持，引领特色产业发展创造条件

政策支持和资金投入是特色农产业发展的重要保障。常山县政府根据实际情况制定了相应的政策和法规，通过政策支持和资金投入引导产业发展，优化营商环境，为胡柚产业的发展提供了有利条件。因此，政府应积极发挥政策引导作用，为产业发展创造良好环境，同时持续加强政策支持和资金投入，发挥农业保险的稳定作用，推动农业产业可持续的健康发展。

二、"一滴油"引领健康生活方式的油茶产业经验

民以食为天，食以油为先。食用油是国家食品安全中的重要组成部分，确保充足的食用油供应是保障人民群众健康生活的需要，而油茶不饱和脂肪酸较高，是食用油中的精品。发展油茶产业对于推进山区综合开发、保护粮食耕地、维护国家粮油安全、促进农民就业增收、

改善人民健康状况、加快国土绿化进程都具有十分重要的意义。近年来，常山县委、县政府始终将油茶产业作为县域支柱产业，确立打造"中国好油"战略定位，不断拓宽"两山"转化通道，围绕油茶"产研销"全环节搭建六大平台，为助力乡村振兴贡献油茶力量。2022 年，全县油茶籽产量 7500 余吨，茶油 1800 余吨，总产值超 11 亿元。常山县先后荣获全国油茶交易中心、全国山茶油价格指导中心、国家油茶公园、全国经济林产业区域特色品牌建设试点单位等八个"国字号"牌子，并成为首批全国木本油料特色区域示范县，成功入选"中国好粮油"行动示范县、省级油茶产业创新服务综合体创建名单。

（一）助力油茶产业发展的主要做法

油茶是常山县最主要的木本食用油料树种，常山县种植油茶并制成山茶油已有上千年的历史。然而传统的油茶产业经营方式相对粗放，经济效益低下，会让许多农户不得不放弃油茶种植，转而种植其他经济作物。为此，常山县委、县政府努力推动油茶产业三产融合发展，打造油茶产业高端化路线，探索油茶产业致富新途径。

1. 科技赋能，提高油茶亩均产量

为提高油茶亩均产量，给农民提供增产增收的新途径。常山县与中国林业科学院亚热带林业研究所、浙江大学等科研院校合作，成立"油博士"工作站，建立"物联网＋"智慧油茶育苗基地。可以通过手机、计算机等终端，远程实时查看育苗视频图像，根据需要调控，实现对油茶的科学种植与智能化管理。油茶育苗基地开展油茶速生苗培育研究，将油茶投产期从 5 年缩短至 2～3 年，每亩每年可降低油茶抚育及采收成本约 700 元。常山县每年举办 2～3 期油茶高产栽培培训

班，邀请专家实地指导，每年约有 200 名林农接受培训，切实提高技术水平。

2. 文旅结合，油茶的非遗技艺得到传承

常山县是油茶的天然分布区，山茶油制作历史相当悠久。常山县政府在运用科技助力油茶产业兴盛的同时，也同样注重对古法工艺的保护。芳村镇利用废旧的常山轴承厂老厂房打造"芳油中心"古法木榨油坊。与浙江卫视美食探秘综艺《"食"万八千里》合作，以风趣幽默的形式将非遗技艺呈现在观众眼前，打响了芳村古法木榨的油茶品牌。"芳油中心"古法木榨油坊不仅传承了古法技艺，还实现了带领村民增收致富。2021 年该油坊生产茶油 5.5 万多公斤，实现产值 690 多万元。

3. 产业创新，增加产品的附加值

在扩大常山山茶油品牌影响力的过程中，常山县积极走高端路线，延长油茶产业链，提高产品附加值。当地制定实施《"一滴油"产业高质量发展行动方案》，围绕产业破局，加快做深做实产业链、创新链、资金链、价值链、服务链，将产业触角延伸至美妆和保健领域。浙江常发粮油食品有限公司与浙江大学现代中药研究所合作，通过消费者大数据分析、收集市场报告、产品功能性分析等方式，研发出以山茶油为基底的系列化妆品、保健品和药品，延伸了产业链，增加了产品的附加值。

4. 林下经济，充分利用空间资源

为实现山林经济最大化，常山县充分利用丰富的林下空间资源，积极探索林下经济发展模式。常山县在黄塘、芳村等地实施"千村

万元"林下经济增收帮扶工程，充分利用油茶林下空间，发展黄精、生姜种植等复合经营模式。县林业部门以每亩补贴2000元的方式，激发农户种养殖积极性，推动实现农林资源优势互补。黄塘村2023年预计林下生姜亩产1500斤，亩均效益可达到4000元以上，带动农户增收120万元。

5. 政策支持，建立"共富果园"机制

为加快建设"浙西第一门户"，常山县不断拓宽"两山"转化通道，积极探索"扩中""提低"改革实现路径，高水平推进农民共富行动，奋力跑出常山共同富裕加速度。2022年，常山县出台《关于推进"共富果园"建设工作的实施意见》，对纳入共富果园创建名单的，经营主体劳务工资利润再分配、生产奖励、捐赠资金等共付支出费用达到100万元以上，予以一次性绩效激励，奖励标准按总支出的10%计算，最高奖励标准不超过50万元/个。政府政策的支持与引导，推动了油茶种植的规模发展，也为推动共同富裕的实现创造了条件。

（二）推动油茶产业发展取得的成效

常山县多渠道助力油茶产业发展，不仅达到了"一地升四金"的效果，而且通过发展林下经济，提高了土地利用效率，缓解了山区县土地资源紧张的局面，对保障国家食用油安全、农民增收以及促进区域可持续发展具有重要意义。

1. 村民收入水平不断提高

近年来，常山县以打造全域旅游、全域AAAA景区为目标，持续丰富"油茶＋"旅游业态。据统计，常山2021年"油＋游"收入超

3 亿元，油茶全产业链总产值达 10 亿元，带动约 5 万本地林农增收。仅以"芳油中心"为例，常年带动就业 50 余人，每年支付人工费用 150 万元左右，人均增收 3 万至 10 万元，芳村只是常山以"油"带"游"的缩影。

2. 产业规模不断扩大

为聚力培育壮大油茶"U"产业，促进农民增收，建设共同富裕示范区，常山县政府大力支持土地资源规范化流转。对流转土地面积 100 亩（含）以上，且流转期限 6 年（含）以上，开展油茶种植、经营的主体，给予一次性奖励，按每亩 150 元给予实施主体奖励。2022 年常山开展油茶林下复合经营 1000 亩以上，亩均效益超过 5000 元。如新昌乡黄塘村集体统一流转 300 亩油茶林，林下种植生姜、黄精等作物，通过强村公司、浙能集团等平台进行销售，带动村民家门口就业，打通市场链。

3. 区域影响力不断增强

围绕打造"一份常礼"，实施"常山山茶油"区域品牌升级，通过农博会、品牌发布会、直播平台等形式推出山茶油网红产品。常山县已有多家油茶企业产品在抖音、淘宝、京东等平台售卖，进一步拓宽了销售及宣传渠道。2022 年，油茶销售总产值突破 4 亿元，同比增长 30%。《"食"万八千里》更是播出常山鲜辣美食篇，收视率位居省级卫视第三。常山山茶油作为中国好故事向全球推介。常山山茶油"出圈爆红"，近百款"U"系列产品精彩亮相。万人 UU 音乐节再度成为全网热点。

4. 生产效率不断提升

新昌乡、芳村镇油茶新品种示范基地引进多台单轨运输机，鲜果可以通过轨道运到山下，不仅提高了运输效率，每年还可节约人工成本 20 余万元。常山还鼓励企业引进先进油茶加工设备，促进油茶精深加工。常山东茶茶业科技有限公司投资近 800 万元，引进了国内一流的冷压榨车间、精炼车间、高标准的灌装车间和检测设施等，实现了油茶加工全程机械化。

（三）油茶产业发展的启示

常山县的实践，为油茶产业兴旺做了有益的探索，提供了丰富的经验和启示。要在推动一二三产业融合发展的基础上，注重调动农民生产积极性，推动共同富裕建设。

1. 科研院校在产业科技创新中的作用日益凸显

科技创新在产业发展中起着根本性的推动作用，强化产业科技创新离不开科研院校的赋能加持。常山县通过与科研院校的深度合作，建成 4000 平方米智能种苗繁育温室，升级"油茶产业大脑"，开创了油茶产业智能监管新趋势。育苗基地开展千亩油茶保花保果、截干更新、高接换种等试验，按照"支持扩大油茶种植面积，改造提升低产林"的要求，计划向全县推广种植高产速生苗，提高全县油茶亩均产量。常山县油茶产业与科研院校的合作，让科研院校所蕴含的知识实现了从科学到技术、从技术到经济、从经济到财富的转变，让科技创新成为产业兴旺和农民增收致富的保障。

2. 共富共享是产业发展进步的体现

油茶产业的产业链长，涉及千家万户，油茶产业在发展壮大做强自己的同时，更要争当共同富裕的引领者，回馈群众、造福社会。常山县油茶产业通过土地规模化流转，构建"经营主体＋村集体＋农户"的紧密联结机制，形成土地入股、劳务关系、产品购销、利益分配等新型利益互惠共同体，做到"一地升四金"，实现强村富民惠企。

3. 探索一二三产业融合发展是高效发展的保障

传统的油茶经营方式早已证明，单单靠种油茶是难以走出价值链最底层的。要想发展高效的农业，就必须把作为第一产业的油茶生产与作为第二产业、第三产业的油茶加工有机结合在一起。在做大做强"一产"的同时，大力推动油茶加工、特色文化旅游的发展，做到"二产"兴、"三产"盛，形成全产业链和谐发展的局面。

4. 良好的营商环境是共富共荣的有力保障

共富共荣，既有政企合作共享区域发展成果的含义，也有利益相关方通力合作创造双赢局面的要求。良好的营商环境对区域的发展十分重要，是激发市场主体活力和发展内生动力的关键。常山县政府在产业发展的过程中，以提供高效的公共服务为关键，以企业和群众的满意为要求，以推动产业协调发展为目标，切实保障企业和群众的合法权益，营造一流的营商环境。

三、一种产业重整昔日辉煌的轴承产业经验

共同富裕的实现离不开产业的发展。产业对于一个地区意义重大，不仅具有产业增值、提供税收等经济价值，而且具有带动就业等普惠民生的社会价值。而轴承产业是常山的重要支柱产业，其发展水平不仅关系着100多家企业的生命力，还是提高就业能力、推进共同富裕

的有力保障。作为国内重要轴承产业基地，过去 10 余年来，常山县轴承产业一直面临"低、小、散"的发展瓶颈。为破解难题，常山县实施产业延链、补链、强链专项行动，开展轴承产业攻坚和"十链百企共生"行动，串起县域产业链、实现内循环，推动产业集聚发展、产业规模倍增。2023 年第一季度，常山县规上工业产值 48 亿元，同比增长 6.5%；规上工业增加值 12 亿元，增长 14%，增幅均列衢州 6 个县（市、区）前茅。常山县加快轴承产品向高端化、生产工艺智能化、生产流程数字化推进，逐渐实现了轴承产业的"二次崛起"。

（一）轴承产业"二次崛起"的主要做法

常山是浙江轴承制造起步最早的区域之一，其轴承产业起步于 20 世纪 60 年代。通过半个多世纪的艰苦发展，常山县轴承产业形成一定优势，轴承品种比较齐全，中大型轴承套圈毛坯锻造初具规模，机器换人、数字化改造、"互联网 ＋"等方面有示范企业，拥有多个省市级技术中心和研发中心，诸多企业开展了质量管理体系认证工作。但同时，矛盾和问题也比较突出，低档轴承生产局面没有根本改变，普通轴承产能过剩，转型升级任务艰巨，工程技术、企业管理、营销等人才与现代企业发展不相称。如何解决传统工业更新改造升级，常山县抓住产业创新的根本，把产品质量提升、品牌打造作为主攻方向，重整传统轴承产业的优势，推动轴承产业的"二次崛起"。

1. 政策定位，协调速度

山区传统工业要发展，一定要有自己的特色定位。倘若定位不清，则易导致目标摇摆不定、行进不稳、发展不快。只有明确产业发展方向，才能够提升其在市场中的竞争力，赋能县域产业，实现更加良性有益的发展。而常山县在轴承产业方面，找准自身问题，明确应有定位。具体而言，一是方向的把控。常山县发布轴承产业发展新政，大力鼓励招大引强、扶优育强，注重科技支撑、人才保障，浓厚产业发展氛围，强化创新驱动，延伸产业链，以轴承产业突破性发展引领全县工业经济跨越式发展，进一步提升了轴承产业"二次崛起"的政策环境。二是速度的掌握。为了打造出更大的滚动发展浪潮，常山县准确把握轴承产业从高速增长转为中速增长、从规模速度型增长转为质量效益型增长的新常态，有效转型升级，成功应对风险挑战。三是形势的判断。我国轴承产业"十四五"规划的重点工作是加快形成双循环发展格局，攻坚产业基础高级化、产业链现代化。全行业都在深化供给侧结构性改革，消除无效供给、创造新增供给、增加短缺供给、提升传统供给，拉长板、补短板、强弱项、提层次。常山县则基于对该形势的判断，成功把握节奏，以轴承产业转型升级带动区域经济高质量发展。

2. 培大育强，打造精度

工业制造是常山经济的"顶梁柱"，是常山县实现追赶跨越、加快发展的"强引擎"。为了推动工业强势发展，常山县在"培大育强"上下足功夫，打造工业发展的"精度"。具体而言，一是精准的培育服务。针对"链主型"企业及专精特新企业建立重点企业培育库，动态监测、精准服务等，为本地高端装备零部件等主导产业"强筋健骨"。2022 年，常山县产值超亿元工业企业 48 家，新增规上工业企业（含小升规）21 家，入选省专精特新中小企业名单 7 家，纳税超亿元企业增至 5 家，通过浙江制造"品字标"认证企业 9 家。二是精心的政策助力。常山县出台工业新政 20 条、轴承新政等惠企政策，并成功入选省制造业高质量发展结对促共富示范创建名单，获 3 亿元财政专项激励。三是精密的项目招引。常山县坚持项目为王，近年成功引进亿元以上制造业项目 21 个，尤其是先导三期、斯凯孚二期和总投资 65 亿元的华创铜箔项目重重落地。例如，斯凯孚常山项目一期于 2017 年 8 月落地常山，2019 年 4 月建成投产；二期项目于 2022 年正式启动，2023 年 5 月竣工投产。项目全面达产后，轴承年产能将突破 4000 万套，企业年产值增加 10 亿元以上。斯凯孚集团的进驻，补上了常山县轴承产业缺乏高端品牌的短板，持续拉动整个产业迭代升级，带动了当地轴承锻、车加工企业的发展。

3. 技术创新，拓展深度

技术创新对一个产业、一个地区的重大作用不言而喻，其有利于提高全要素生产率、提升产品竞争力、创造更多的财富价值等。而技术创新对于常山县轴承产业的作用亦是如此。轴承加工既要有传统工艺，更要有最新的技术和工艺。破解用工问题和盈利堵点，关键是技术创新。一是数字化改造。常山县各轴承企业立足既有优势，依托科技投入和新设备研发，不断拓宽行业数字化发展路径。2022 年，常山县轴承产业数字化改造总投资 11 亿元，新增生产线 23 条，拓宽了轴承产业数字化发展之路。后续常山县轴承产业将在提高产品自制力、提升数字化水平、加强生产线模块化生产等多方面进行持续优化革新，展现强大发展后劲。二是市场化调整。突破高端技术垄断，做好中端产品市场，提升低端产品质量，优化产品结构和市场结构。三是深化"两化"融合，以信息化带动工业化、以工业化促进信息化，走新型工业化道路，追求可持续发展模式，培育智能制造、绿色发展、服务转型新业态。只有将技术创新融入产业的发展，拓宽数字发展之路，才能打造产品的竞争力，带动更多的就业，惠及更多的社会群体齐共富。

4. 行业抱团，提升广度

在激烈的市场竞争中抱团发展可以有效缓冲外部的压力冲击，凝聚合力以强实力。常山县轴承产业的竞争对手不是县内部企业，也不是国内同行业，而是国际上的大公司。常山包容开放，抱团联建，推进跨界融合和大中小企业融通发展。看中了常山县轴承产业的稳固基础和当地政府的贴心服务，全球轴承行业巨头瑞典斯凯孚集团的斯凯孚中国小圆锥滚子轴承生产基地项目（即常山皮尔轴承有限公司）落地常山。在常山县本土轴承企业——浙江双明轴承股份有限公司的生产车间内，汽车轮毂轴承套圈产品出炉后马上被发往斯凯孚常山生产基地。自从与斯凯孚集团合作以来，企业对标提质，投入 1500 多万元用于技改和员工培训。本土企业与龙头企业"结亲"抱团后，产品质量提档升级，配套订单源源不断。

（二）轴承产业"二次崛起"的启示

常山县秉持"工业强县、产业兴县"的理念，以"一切为了 U"城市品牌为统领，立足高端装备零部件和"两柚一茶"主导产业，打出强链补链、招大引强、强企育企、智改数转等系列组合拳，着力构建富有辨识度、竞争力的现代产业体系。常山县轴承产业二次崛起的实践，为县域山区工业高效发展的路径做了有益探索，提供了很好的经验与启示。传统工业复苏需要有明确的战略规划、对产品质量的严加把控、对技术创新的重视等，以此推动工业的可持续发展以及产业体系的不断完善，推动共同富裕的持久发展。

1. 定位布局是振兴工业的动力源泉

只有合理的规划定位才能够有工业振兴的长效发展。常山县在传统工业的升级改造方面具有清晰长远的设计蓝图。正如常山县着力引进行业龙头企业，以龙头企业作为"支点"，撬动整个轴承产业链发展，形成新的经济增长点，产生巨大的"乘数效应"。在常山县轴承产业的"二次崛起"布局中，斯凯孚集团便是这样一个"龙头"，其为常山县带来了巨大的经济效益和社会效益。

2. 产品质量是发展工业的着眼要素

地区财富的累积来自企业，企业的生命来自市场，市场的活力来自产品，产品的活力来自永无止境的质量水平。常山县建立并严格实施完善的质量管理体系，稳定提升产品质量，让轴承产品进入主机配套市场。国内外轴承工业有严格的制度、标准、技术、工艺，企业要对症下药，引进制定管理标准、技术文件，提升企业的竞争力和抗风险能力。只有对产品质量有精准严格的要求，才能赢得消费者的青睐，工业发展才能稳定持续。

3. 技术创新是山区工业的跃升快板

创新是第一动力。加强技术研发中心建设，是提升企业核心竞争力的主要举措，是推动常山轴承产业转型升级的根本途径。常山县深知技术创新的主体在企业，技术中心应该成为企业的主要职能机构。注重研究产业发展趋势，做好信息搜集整理，加强与科研机构、大专院校、行业协会的沟通联系，吸纳和造就一批结构合理的中高级专业技术人才，做实企业智囊空间，让企业永不掉队。2022年常山县启动科技创新三年行动，新认定国家高新技术企业28家、省科技型中小企业67家，新增专利969件，入选山区26县科技成果转移支付试点县，灿宇纺织、长盛化工、艾佳食品获省"尖兵""领雁"立项，规上工业企业研发经费占营业收入比重为3.4%，居衢州市第一。

4. 数字改造是实现共富的便捷模式

数字经济已经遍及生活的方方面面，其未来前景广阔。常山县在

数字化改造方面具有较多的实践经验。一是数字项目改造。截至 2022
年 12 月，常山县实施数字化改造项目 15 个，新征集数字化改造项目
19 个，规上数字经济核心制造业增加值增长 12.4%。入围省现代服务
业创新发展区、全省县域商业体系建设示范名单，元坞康养、麦迪森
等 4 个项目被列入省服务业重大项目。二是强化产业"技改"。常山县
持续深化"亩均论英雄"改革，大力实施数字经济"一号发展工程"，
开展纺织、冷柜等传统制造业改造提升行动。截至 2022 年 12 月，实现
规上工业亩均税收约 18 万元，新增省级智能工厂、数字化车间 2 家以
上。常山县实施的数字改造成果丰硕，这也是其经济腾飞的重要因素
之一。

四、一种转化打开了发展新思路的生态综合治理经验

人与自然和谐共生是中国式现代化的核心要义之一，只有经济发
展没有美好生态的现代化不是真正的现代化，坚定不移走生态保护之
路是满足人民群众对美好生活需要的重要举措。常山县地处钱塘江源
头，是浙江生态平衡的重要屏障，也是国家重点生态功能区。常山县
有近千年的石灰石开采历史，辉埠镇是常山县石灰经济的主要发展地，
由于长期的无序开采、粗放经营，给生态环境造成了巨大破坏。为改
变"风吹灰沙扬"的面貌，近年来，常山县锚定高水平建设"山水公
园"的生态目标，坚持生态优先，聚焦绿色发展，深入实施一系列生
态重点工程。辉埠矿山开展综合整治，成功打造矿山公园带动周边群
众增收致富，实现了从"灰色包袱"向"绿色富矿"的转变，曾经的
废弃矿山成了网红打卡地，曾经的"泥水镇"变成了一座生态城。辉
埠全域整治项目的生态环境整治工作被列入"浙江省中央环保督察整

改成效典型案例"，也入选"美丽浙江生态环境治理十佳优秀案例"。

（一）生态综合整治的主要做法

石灰产业是常山县重要的支柱性产业。2013 年，钙产业年产值达 10 亿元，占全县总产值的 10%。然而粗放的开发利用方式在带动经济发展的同时，也带来了生态环境的破坏。在面对生产能力减弱和生态环境冲击的双重压力下，为实现常山县人口、环境、资源三者协调发展，常山县在辉埠镇开启了生态环境综合整治工程。

1. 实施环境整治，实现矿山到公园的蝶变

2018 年，钱塘江源头区域成为国家第三批山水林田湖草生态保护修复工程试点。作为试点的重要组成部分，辉埠镇在原有生态工程的基础上开启了以五水共治、产业整治、环境治理、体制升级为抓手的"蓝天三衢"生态治理工程，全面打响辉埠区域生态环境系统整治决战，着手打造矿山公园。项目实施以来，常山县将关停整个辉埠片区 165 孔石灰立窑、201 条石灰钙加工生产线、16 家轻钙企业。同时实施矿山生态修复项目 7 个，对废弃矿山进行生态修复，修复面积达到 2895 亩，将后社矿山区域改造提升，打造成矿山公园。在生态修复、打造矿山公园的同时，常山县积极推进周边村庄环境改善，通过实施农房外立面和庭院整治、道路沿线绿化景观提升等，周边以宋畈村、路里坑村为代表的 6 个村的生活环境得以大大改善。

2. 推动产业转型，培育经济发展新引擎

辉埠矿山整治后，传统的石灰产业关闭，常山县积极寻找新的经济增长点和产业转型方向。一是重新配置土地指标。将整治完成后复

垦和新增的耕地指标统筹使用，复垦后的土地归还农民，集体资产向社会公开招标，所得承包费归村集体所有，用于发展项目所在村的公益事业。二是促进矿石产业转型。常山县制定标准规范开采，通过有偿处置后获取收益，促进碳酸钙产业向中高端发展，提升辉埠镇钙产业档次，同时引导原钙加工企业主转型再创业。三是开发文旅项目。除了打造辉埠矿山公园主体工程，常山县还将结合三衢石林景区贯通整个三衢山打造旅游、研学、娱乐、亲子乐园、丛林探险等网红打卡地，发展"生态＋旅游"现代化产业。

3. 发挥技术赋能，实现生态整治持续化

为推进生态整治成果，辉埠镇通过先进监测技术加强对整治后矿山的环境管理。一方面，辉埠镇执法人员通过无人机对矿山和周边村镇开展日常巡查，通过航拍镜头，对易产生盗采、非法倾倒垃圾的地点重点监督。另一方面，制定相关规章制度，淘汰产能落后的企业并进行退耕还林，组织工作人员昼夜巡查，严厉查处非法开设低效企业等问题，进一步推进生态文明建设。

（二）生态综合整治的主要成效

常山县辉埠镇矿山综合整治工程的实施，使生态环境得到了极大修复，同时在矿山公园的辐射带动下，周边文旅产业呈现集群发展的良好态势，基础公共设施随之升级。随着发展环境的改善升级，百姓的生活迈上新台阶。常山矿山公园的打造真正实现了生态保护和经济发展的双赢，以实际案例生动诠释了"绿水青山就是金山银山"的科学理念，助力辉埠镇朝着建设共同富裕社会的美好目标踏出坚实的步伐。

1. 实现了山清水秀，生态环境极大改善

常山县通过矿山整治工程将辉埠从曾经的"泥水镇"打造成了一座生态城。得益于在整治工程中的废弃矿山治理、荒地复垦以及植被修复等多项生态措施，过去辉埠镇矿山边坡失稳、崩塌的情况不复存在，地质灾害威胁得到有效解除。矿区植被覆盖率和区域内自然生态固碳能力显著提高，城区空气优良率发生质的改变，从整治前（2014年）的81.8%提高到整治后（2021年）的98.7%。在实现山更青的同时，水质也得到进一步提高，近年来矿山周围区域主要地标和集中式饮用水水源地水质100%达标，真正实现生态系统全面改善的治理效果。

2. 实现了产业兴旺，周边文旅成片发展

在对辉埠矿山生态整治的过程中，常山县政府从全局出发，充分挖掘其内在价值，带动周边文旅发展。一方面，因地制宜，将矿山治理和土地修复、矿地景观打造、植被恢复相结合，在自然尺度下进行综合性开发。将矿山公园打造成科普教育基地、科研示范基地、文化展示基地、环保示范基地等，真正实现废弃矿山潜在价值的最大挖掘，为矿山带动文旅发展提供了充分的先决条件。另一方面，加强统筹，将矿山公园作为常山文旅路线的重要节点，用常新线连接起矿山公园、芳村未来乡村、芙蓉峡谷、芙蓉水库等多个旅游景点，实现常山域内文旅产业的集群发展。正是得益于矿山生态整治，常山县为乡镇旅游发展按下了"快进键"，还有效带动了当地茶油、月季等优势产业发展，以高站位、大格局、宽视野推进常山乡村产业振兴。

3. 实现了村强民富，群众生活水平提高

矿山综合整治工程不仅带来了生态效益、产业效益，更重要的是

切实考虑到群众需求，提高了群众生活水平。其一，村居环境改善。矿山公园对于周边村民群众来说是公共文体设施，方便村民锻炼身体、观赏花草、呼吸新鲜空气，改善村民生活物质条件。其二，村民增收致富。矿山公园为村民经济水平提高提供了可行途径。村集体抓住旅游业发展商机，租赁了 11 栋闲置民房，打造成拥有 30 间客房的精品民宿，试营业以来，平均入住率超过 40%。部分村利用矿山投资打造岩洞自然餐厅，为周边村民提供就近就业机会。其三，村民思想改变。矿山生态工程将周边村民从"旁观者"变成"参与者"，过去发展石灰产业依靠的是大型企业，村民的思想尚停留在"等、靠、要"，现在依托矿山公园及三衢山国家地质公园，村里大力发展民宿产业，村民积极发挥自身主观能动性建设乡村，并积极申报县、市民宿村。

（三）生态综合整治的启示

生态综合整治工程取得成效，为乡村实现绿色发展做出有益探索。综观常山县矿山整治项目的推进历程，党建力量在其中发挥了重要作用，同时坚持乡村产业振兴是核心要义，过程中能充分激发村民的主人翁意识，积极投身乡村振兴，共筑乡村共富梦。这些都为发展生态经济提供了宝贵的经验借鉴。

1. 要坚持党建引领，坚定正确发展道路

在辉埠矿山整治工程中，常山县坚持党的领导，树立生态保护和经济发展同行的意识，坚定不移走科学发展之路。一方面，积极发挥党建优势。为了顺利完成整治工程，常山县建立以县领导为书记的四个临时党小组，同时指派经验丰富的乡镇部门党委（组）书记分别担任战队队长，充分发挥党员先锋模范作用，形成力量一体化、目标综

合化、任务清单化的作战模式，为辉埠矿山整治提升工程决战取胜提供坚实的力量保障。另一方面，坚持科学合理谋划。常山县将废弃矿山视为重要资源，在整改过程中不仅完美实现了生态修复的最初目标，还凭借全局思维超前规划依托矿山公园带动周边城镇文旅一体化发展的美好蓝图，从点到面，压茬推进项目实施，助力实现乡村共同富裕。

2. 要注重长效发展，建立持续富民产业

为保证乡村振兴有充足动能，常山县政府注重项目的持续性。在矿山整治工程中，对废弃荒地和建设用地开展复垦，基本完成复垦复绿土地1080亩，增加的耕地面积，以综合整治促进农民增收和农村发展。产业发展是乡村振兴的重要依托。常山政府充分认识到乡村产业振兴的重要性，以矿山公园为重要依托，深度挖掘矿山以及乡村蕴含的生态价值，规划发展文旅产业。同时联结周边的茶油产业、胡柚产业等常山农村优势产业协同发展，加速乡村产业现代化，为村民增收致富提供长效途径。

3. 要探索机制创新，乡村共富人人参与

矿山整治项目为村民通过开设民俗餐饮增收致富提供了重要机遇，为村民销售特色农产品提供了多元渠道，为村民就近务工提供了便捷途径。过去废弃后的矿山对于村民来说是垃圾，阻碍周边城镇的持续发展。如今矿山整治带领辉埠镇走上乡村振兴之路，推动实现共同富裕发展过程人人参与，乡村振兴发展成果人人共享。村民充分发挥自身的主观能动性，有助于乡村建设形成良好的循环。

第五章
常山县共同富裕建设的典型案例

　　农业、农村、农民问题（即"三农"问题）始终是我国经济发展的根本问题，也是共同富裕建设的难点和关键，没有农村的小康就没有全面小康，同样没有农村的富裕就没有共同富裕的实现。"千村示范，万村整治"美丽乡村建设以来，农村的环境发生了根本改变，使农村真正成为"望得见山，看得见水，记得住乡愁"的地方，乡村振兴战略得到了落实。常山县以"千村示范，万村整治"为抓手，围绕乡村振兴战略实施的要求，把乡村环境整理和乡村产业有效结合，实现了乡村发展、农民增收，创造了不少乡村振兴的典型案例，有力地推动了共同富裕的发展。

一、一种精神激活了乡村发展动能的达塘经验

　　共同富裕不仅体现在物质富裕上，而且体现在精神富有上。物质

富裕是精神富有的基础，而精神富有能够创造物质富裕，实现物质和精神的双富裕。达塘村曾是常山县典型的山区薄弱村，因为地处偏远，交通、产业基础条件差，村民对落后现状习以为常，也不知该如何发展。2017年，在新成立的村两委带领下，创建"天天早起、事事争先、年年攀升、人人追梦"的"早上好"兴村品牌。通过"早上好"精神引领，达塘村聚人心、强治理、兴产业，探索出一条党建引领乡村振兴、实现共同富裕的新路径。据统计，2022年达塘村村集体经济收入达到150万元，带动农民增收80余万元。达塘村获"优秀党支部""市级文明村""五水共治工作先进村"等荣誉称号。在浙江省高质量发展建设共同富裕示范区最佳实践（第二批）名单中，常山县擦亮"早上好"兴村品牌，打造山区共富样板，成功上榜社会主义先进文化发展先行示范名单。"早上好"治村教材《书记讲给书记听》入选中央组织部全国优秀媒体课件。

（一）"早上好"品牌建设的主要做法

卓越的思想能为美丽乡村建设打开新的思路，这是美丽乡村焕发无限活力的精神源泉。达塘村从"三味书屋"课桌上的"早"字获得灵感，概括提炼了"早上好"精神和标识，把"早上好"作为兴村品牌。持续提倡"事事争早、样样争先"的干事理念，实现了"村子更美、村民更富、集体更强、邻里更和谐、人气更旺盛"的乡村治理新风貌。

1. 产品品牌化，提升农产品竞争力

市场的竞争归根结底是品牌的竞争，"偏远山村要发展，一定要有自己的特色产业"。只有将产品赋予品牌价值，才能够提升其在市场中

的竞争力，赋能村庄实现更加良性有益的发展。达塘村坚持"党建品牌化、品牌经营化"理念，深挖"早上好"品牌价值，孵化多元产业。达塘村通过流转全村域300余亩荒田，打造"早上好小白"茭白产业基地，带动村集体增收100万元，实现"一根茭白"撬动"一个市场"。同时，成立达塘早富贸易有限公司，开发蜂蜜、高粱酒、山茶油、会务服务等"早上好"系列产品，带动村民增收200余万元，实现"一个公司"带富"一方百姓"，真正实现了以新思想引领新面貌、以产业振兴助力乡村振兴。

2. 治理品牌化，激发村两委战斗力

一个村庄要想拥有不可撼动的战斗力，其核心要素在于村庄的治理水平。达塘村坚持党建统领，以人为本，将"家文化"在乡村治理中赋予新内涵，探索形成村务大家议、村事大家干、村风大家树、村福大家享为主要内容的"家文化"治村新模式。一是家风文化活动多。在达塘村清廉长廊，"晒家风家训，讲家风故事，评最美家人"等清廉"家文化"系列活动经常开展。达塘村深入挖掘本地廉洁文化内涵，将清廉"家文化"内容融入"早上好"支部书记研学基地，不断传播廉洁家文化。二是村两委干部办事勤。"村事即家事"，该村村两委以"大家庭"理念为做事原则，实行"腿勤、嘴勤、手勤"的"三勤干部"评比亮晒机制，通过"承诺公开、实绩公示、村民公评、结果公告"四个流程，村两委干部同台"晒比"，让全体村民当"考官"，促使村干部严格遵守党纪法规，主动服务群众，扎实为群众办实事。三是村庄邻里风气好。针对邻里纠纷"老大难"问题，达塘村牵头推出了"家事评理堂"，群众担任"公证员"，两委担任"裁判员"，矛盾双方打开天窗说亮话，有理无理大家评，让村庄实现了矛盾纠纷"事事有着落、件件有回音"。达塘村弘扬儒家思想中家文化的优秀传统，发挥"大家"的作用，并在平等、和谐、友善、民主、法治的价值观中找到现代乡村治理的践行路径，提升了村庄的基层治理水平与战斗力，使村民们的获得感和幸福感日益增强，物质上充盈、精神上充实。

3. 宣传品牌化，扩大乡村影响力

酒香也怕巷子深，倘若缺乏足够的宣传，再有内核的村庄也无法为大众所知。达塘村村两委深知一个村庄的宣传力度会极大提升其知名度和影响力，在村庄蓄势待发之初，便已经开始筹备宣传村子的方式与具体路径。2019 年 6 月达塘村被授予"党建治理大花园先锋战队"。2020 年，达塘村打造"早上好"支部书记研学基地，两年来累计吸引全国 20 余个省市超 10 万名学员前来培训，实现"一个基地"带活"一个产业"。村书记也到全国各地讲课，传播"早上好"精神，并将每年获得的授课费全部纳入村集体收入，实现了从"卖风景"到"卖精神"的产业发展的迭代。这一切荣誉都印证了达塘村将"早上好"精神与培训宣传事业的完美融合，也见证了达塘村物质和精神共同富裕的历程。正是有了村两委的远见卓识，达塘村利用培训推广展开宣传，既传递了共富精神，又极好地扩大了村庄的知名度与影响力。

4. 交流品牌化，塑造乡村合作凝聚力

交流方能融汇多方的优势促成一股更加强有力的力量。而达塘村的主动交流，更造就了当地乡镇的抱团联建，塑造了一股齐撰共富篇章的凝聚力。第一，达塘村联合黄塘村、郭塘村，组建"三塘"党建联盟，推出"景区＋花海＋研学"组合发展模式，带动两个村集体经济增收 200 余万元。第二，释放"早上好"品牌效应，邀请全乡 10 个村成立"早上好"共富党建联盟，统筹调动土地、资金、人力等要素资源。第三，借力山海协作、结对帮扶契机，合资建光伏、联手种丝瓜、聚力代加工、抱团搞经营，促进千人就业。第四，"早上好"的兴村品牌还走出省外，帮扶常山县结对扶贫的四川省平武县冠名"早上好"品牌销售蜂蜜，演绎了"一起向共富"的动人故事。达塘的"早上好"品牌并非局限一村之间，而是不断扩展延伸，以一村富带动村村富，这是凝聚力逐渐形成的过程，溯其本源，其实是源自交流的魅力。

（二）"早上好"品牌建设取得的主要成效

在"早上好"品牌的推动下，达塘村逐步形成了自治、法治、德治"三治融合"的基层治理格局。同时结合美丽乡村建设等机遇，积极改善乡村发展环境、美化村容村貌、吸引人才回流。随着村集体收入年年攀升，村民收入水平持续提高，达塘村正在大跨步迈向共同富裕。

1. 培训品牌不断打响

达塘村把"早上好"品牌作为凝心铸魂的"主引擎"，持续坚持"事事争早、样样争先"的干事理念。建立"比拼赛马""多劳多得、优绩优筹"工作机制，定期发布集体经济发展指标等任务书，充分调动村两委干事激情，实现了工作主动认领、成绩争先创优。成立"早上好"共同富裕促进会，发动全民参与。建立"早上好"讲堂，组织兴村（治社名师）、致富带头人等开展群众性培训，提振全村共谋发展、共同致富的精气神。

2. 村里干部更有激情

村庄要发展，就要改变村党员干部的精气神，"早上好"要求村干部无论何时都要当成早上，始终保持朝气和干劲，让"村里上班也有企业上班的样子"。"早上好"唤醒了党员干部的斗志，激发了广大村民的干劲儿，织就了农村大地的共富梦。"天天早起、事事争先、人人追梦、年年攀升"成为当下众多求变、求强、求富村庄的共同追求。

3. 村集体、村民收入攀升

达塘村通过流转 450 亩土地发展茭白产业，挖掘出村集体经济"第一桶金"。茭白收入一年高达 86 万元，带动 100 多名村民在家门口就业，人才从"外流"逐渐到"回流"。每年茭白丰收季，村民通过采摘茭白，每天可收入 180 元以上。村集体经营性收入从 2017 年的零元增加到超百万元，还创造了一批岗位，实现村民家门口就业。而"早上好"已喊响全乡，争先创优的劲头托起一个个村庄，助推村集体收入的不断增长。

4. 村民幸福感增强

达塘村通过高效的基层治理机制，为村民们提供了一个温暖有爱的村居环境，村民的幸福感显著增强。一方面，达塘建立"比拼赛马""多劳多得、优绩优筹"工作机制，定期发布集体经济发展指标等任务书，充分发扬村两委干事激情，实现了工作主动认领、成绩争先创优。另一方面，成立"早上好"共同富裕促进会，发动全民参与。探索出以"村务大家议、村事大家干、村风大家树、村福大家享"为主要内容的治村新模式，全村上下"天天早起、事事争先、人人追梦、年年攀升"，村干部和村民的凝聚力强，幸福感和获得感也不断提升。

（三）"早上好"品牌建设的启示

达塘村的实践，为乡村基层治理的路径做了有益探索，提供了很好的经验与启示。建设美丽乡村需要有领导干部的引领，充分发挥村干部和村民的积极性，因地制宜建立支柱性产业，激发村民主人翁意识，促进人和自然的和谐发展。

1. 头雁领导是基层治理的关键要素

2017 年，在"两进两回"行动的号召下，达塘村两委实现了成功换届。新的村两委像经营企业一样经营村庄，紧扣"好学""好吃""好住""好游"四大主题，以"天天早起、事事比拼、人人追梦、年年攀升"的"早上好"精神，带领全村上下开民宿、育桃林、种茭白、酿美酒、做培训。早的状态，就是争先；上的劲头，就是赶超；好的追求，就是事事好、人人好、村村好。正是有了村两委在实践中创造"早上好"精神，使得短短几年间，以达塘为代表的"天资"普通、位置偏远、基础薄弱的小山村，能够从矛盾村、落后村蝶变为明星村，助力乡村实现蜕变。

2. 村民积极参与是乡村充满活力的重要基础

乡村可持续发展目标的实现不仅需要政府、社会、企业协同发力，更需要激发村民参与意愿，充分发挥村民主体作用。达塘村村民深入参与茭白种植等环节，使得产业焕发出活力，村集体经济不断发展壮大。壮大后的村集体形成了非常强的凝聚力，在村民中树立了威望，得到了村民的信任，让村民意识到建设村子就是在美化自己的家园，形成了一个可以调动全村积极性的良性循环。"早上好"之所以变成一种激励干事创业的精神，靠的是党支部的带头示范，凭的是落实落细的任务分解，做的是群众看得见、摸得着的实事，走的是共同奋斗、共同富裕的路子。干部尽心、群众走心，才能打造充满活力的美丽乡村。

3. 品牌设计是乡村振兴的动力源泉

常山县委、县政府坚持从乡贤中选拔优秀的年轻人充实村两委班子，提高了村两委的战斗力和在群众中的威望。村两委经过反复实践，最终选择了发展以"早上好"精神为龙头方向的发展策略。以一句简单的"早上好"提振干事激情，又提炼出以"天天早起、事事争先、人人追梦、年年攀升"为内涵的"早上好"精神，并从"早的状态、上的劲头、好的追求"三个维度，形成了一套可复制可推广的品牌体系，继而孵化出系列品牌产品，推动共同富裕，生动讲述了"党建就是生产力、品牌就是生命力"的逻辑内涵，改变了乡村的面貌，振兴了乡村经济，这是乡村振兴的动力所在。

4. 抱团联建是放大品牌效应的共富模式

达塘村持续放大品牌效应，激发共富活力，寻求好模式、好载体来链接，使得党建联盟成为通往共富的"桥"和"船"。达塘村站位全局，坚持以组织变革撬动抱团变革，通过组建片区联盟、全域联盟，推动全乡构建"区域统筹、资源整合、优势互补、共建共享"的共富新模式，走出了一条独具辨识度的组团式、片区化共同富裕的强村富民路。常山县新昌乡已将达塘村的成功经验向全乡推广，达塘村和全乡其他9个村共同成立"早上好"共富党建联盟，并组建"早上好"共富公司，大家一起谋划新思路，招引好项目。正是通过抱团党建联盟，使得达塘村的共富经验得以复制推广，助推更多的乡村振兴。

二、"一枝花"改变一个村的郭塘经验

全面实施乡村振兴产业是基础，产业振兴是全面实施乡村振兴的

保障。郭塘村位于常山县新昌乡西部，是典型的小山村，由原郭塘村、瑶岭村和蕉坞村调整而成。村内青山绿水，风景秀美。但苦于没有产业的支撑，长期以来村集体经济薄弱，村民以外出打工为主。近年来，郭塘村抓住美丽乡村建设的契机，积极践行"绿水青山就是金山银山"的理念，大规模培养和种植月季，激活村庄发展动能，助力美丽乡村向美丽经济"蝶变"，让风景如画、产业兴旺逐渐成为现实，实现了村集体经济发展、农民群众增收致富，把一个集体经济薄弱村变为远近闻名的富裕村。2022年，郭塘村集体经营性收入达到320万元。郭塘村先后荣获浙江省 AAA 级景区村、浙江省休闲旅游示范村、浙江省美丽乡村特色精品村、省级高标准农村生活垃圾分类示范村、省级电子商务专业村等荣誉称号。

（一）发展月季产业的主要做法

美丽乡村建设需要产业来支撑，从而使美丽乡村保持可持续发展的生命力，而月季绚丽多彩、花团锦簇，不仅适合用于景观节点的打造，蕴藏着巨大的市场潜力，而且月季生命力旺盛，适合小山村种植。郭塘村抓住机遇，围绕绿色发展理念，在村企结对、山海协助的帮助之下，大力发展以月季为核心的鲜花经济，以花之美点缀美丽乡村，以花之艳点亮美丽城市。

1. 土地流转，实现"百年花开遍地金"

郭塘村积极盘活土地资源，将村民闲置的土地统一流转到村集体，从外地引进月季种植技术，大力发展月季产业。为了做大做强月季产业，村集体推出"集体＋公司＋农户"的创新模式，结合绿色环保发展和美丽乡村建设理念，以村集体出资集体种植、农户入股抱团种植、农户单户种植模式，由公司集中采购销售，让村民参与到集体产业中，带动村民增收致富。截至 2022 年 12 月，郭塘村全村共种植 99 个品种大小植株 35 万余株月季，年销售产值达 53.6 万元，村集体、农户分别增收 28.6 万元和 35 万元，入股农户收入以每年 20% 的比例递增。

2. 技术赋能，实现"一年长占四时春"

郭塘村建立了以月季为主题的共富工坊，让月季"搬进"了现代化的大棚。大棚内可以自动调节温湿度，还可以检测土地酸碱值、二氧化碳浓度等，实现精准施肥浇水，在这里的月季一年四季都能开花。郭塘将月季进行嫁接，降低了成本，提高月季的生命力，延长月季的观赏期，吸引游客赏花。发展鲜花经济既把村庄变成了景点，吸引流量进村，又能出售鲜花，同时还可以解决村里剩余劳动力就业问题，让村民在家门口赚钱。

3. 品牌推广，实现"于此俱是看花人"

郭塘村打造了以"爱情"为主题的月季产业园，建成摄影基地、网红打卡地，吸引各地游客前来赏花露营，赚了门票钱，也带动了胡柚、茶油等本地农特产品销售。2022 年"五一"期间，郭塘村推出"U 见月季·遇见爱——为爱助农，打卡网红村"活动，通过购买 30 元入场券（消费券），在村内购买农产品参与抽奖活动、农户家蹭饭活动等。该活动售出入场券 1.2 万张，吸引 1.3 万多人次前来参观游玩，带动村民增收 23.8 万元，村集体增收 15.6 万元。

4. 以花兴业，实现"人面桃花相映红"

郭塘村在通过种植月季装扮美丽乡村把游客引进来的同时，还在想办法把月季卖出去。村集体专门成立郭塘农村文化创意有限公司，实施"支委 + 经理"走出去的营销策略。同时，按照"生产激励""同耕共管"的田间教学原则，培养种植管理技术型花匠 32 名，其中基地月季由公司安排花匠全周期负责，庭院月季安排花匠分网格包干管理，以合同约定的形式落实外销月季售后管护。2022 年，共派出"郭塘花匠"售后管护达 1230 人次，为花匠们增收 80 万元左右。

5. 政策支持，实现"四两能拨千金"

作为常山共富产业园的一部分，郭塘村大力发展月季产业也离不开财政政策的支持。在郭塘村发展月季产业的过程中，地方财政为其提供了"一事一议"奖补资金，打造美丽乡村和扶持村集体经济发展，并以两山合作社为媒介，通过提供担保、承诺收购等方式为郭塘的美丽经济增信。与此同时，常山县政府还出台了各类政策鼓励人才回流，以人才助推月季产业发展。

6. 资本引进，实现"明媚谁人不看来"

乡村产业振兴要想持续进行，不能只靠财政"输血"，关键在于自身能"造血"。为吸引社会资本持续投入，打造村企和谐发展美好蓝图，郭塘村创新推广"认股"经营，以"一项目一股"的方式欢迎外地企业来本地投资。郭塘亦大打"感情牌"，号召广大乡贤能人在扩大家乡月季产业规模的进程中"站出来"，利用乡贤的人脉优势，依托山海协作、村企结对，引进一批优质企业，围绕月季做文章，力争实现"村民致富、村子变美、企业增效"的新图景。

（二）发展月季产业取得的主要成效

郭塘村紧紧围绕"绿色发展"主题，紧紧抓住"美丽乡村"建设等机遇，发展美丽经济，改善乡村发展环境，美化村容村貌。随着村集体收入年年攀升，村民收入水平持续提高，郭塘正在大跨步迈向共同富裕。

1. 销售渠道不断拓宽

月季产业不仅改变了郭塘村，郭塘村又通过月季产业的输出，不断做大月季产业。2018 年，当得知常山县需要彩化项目时，郭塘村两委提出免费设计一个用嫁接月季装扮的景观节点，用效果来换取机会。郭塘村的月季开启了彩化常山县之路。如今，郭塘村的月季作为市政花卉已销售到宁波市区、慈溪和江西上饶等地，年度月季销售收入达 380 万元。慈溪市林园协会与郭塘村签订购销协议，形成"产业 + 销售"双帮扶模式，首期完成 30 余万元的采购。

2. 村容村貌得到改善

随着月季产业越做越大，村集体收入逐步提高，郭塘村开始把发展鲜花经济赚的钱投入到美化村容村貌上。村集体先后提升了村口景观节点、建设了红色旅游接待综合体项目等，村庄变美了，改善了村民的生活环境。

3. 村集体、村民收入攀升

打造月季主题村庄，每年带动景区收入 1000 万元以上，其中民宿收入 360 万元，农产品销售收入 200 万元，景区门票收入 260 万元，餐饮收入 150 万元，农户增收 300 万元。郭塘村村集体经济节节攀升的同时也让村民享受到"红利"，除了每年拿出 10 万元为 60 岁以上老人买意外保险、80 岁以上老人送新年红包，郭塘村还将村集体经济收入投入到基础设施提升和美丽乡村建设中。

4. 人才从"外流"到"回流"

月季产业的发展，除了月季的种植外，还需要用月季推进园艺设计、节点景观打造，需要大量的劳动力和专业技术人才，实现了村民从外出打工到家门口就业的转变。郭塘村村讲堂结合月季产业，传授广大党员群众月季嫁接技术，拓宽增收渠道，学成嫁接培育技术的村民可到基地上班，月工资达 3000 元。

（三）月季产业发展的启示

郭塘村的实践，为乡村可持续发展作了有益探索，提供了很好的经验与启示。建设美丽乡村要在坚持绿色环保的基础上，因地制宜建立支柱性产业，激发村民主人翁意识，促进人和自然的和谐发展。

1. 做大产业支撑是村民致富增收的源泉

产业是经济发展的基础，是社会进步的引擎，也是判断一个村子繁荣与否的标志。郭塘两委深知村子要想发展好，产业支撑少不了。郭塘村在山海协助工程的帮助下，大力发展月季产业，以鲜花装饰村子的同时，又能增加村民的收入。以一朵花建立起一条产业，又以一条产业富足一个村子。

2. 农旅结合是乡村发展的可靠方向

郭塘村以"产业景区化、景区产业化"为目标，积极发展多元化的鲜花生产结构。郭塘把种花、卖花、赏花作为村庄发展的"明信片"，扩大月季种植规模，拓宽月季销售渠道，强力推进赏花旅游产业发展，走一二三产业融合发展的路子。农旅一体化不仅让游客感受到乡村旅游所蕴含的乡土味、人情味，更让当地村民"吃上旅游饭，挣上旅游钱"，呈现出乡村旅游和乡村振兴双赢的良好态势，使美丽经济的活力也得到充分展现。

3. 村民的深入参与是乡村可持续发展的关键

乡村可持续发展目标的实现不仅需要政府、社会、企业协同发力，更需要激发村民参与意愿，充分发挥村民主体作用。郭塘村村民深入参与月季种植销售环节，使得月季产业焕发出活力，村集体经济从而不断发展壮大。壮大后的村集体形成了非常强的凝聚力，在村民中树立了威望，得到了村民的信任，让村民意识到建设村子就是在美化自己的家，形成了一个可以调动全村积极性的良性循环。

4. 共同富裕离不开村两委的坚强领导

郭塘村发展美丽经济，从"薄弱村"一跃成为远近闻名的"明星村"，离不开村两委的坚强领导。常山县委、县政府坚持从乡贤中选拔优秀的年轻人充实村两委班子，提高了村两委的战斗力和在群众中的威望。村两委经过反复实践，最终选择了发展月季产业的发展方向，改变了乡村的面貌，振兴了乡村经济，这是乡村振兴的关键所在。

5. 财政支持具有激励乡村产业振兴的作用

财政是乡村产业振兴中各要素的重要保障，不管是月季产业的发展，还是村内基础设施的建设，都离不开财政资金方面的有效支持。有了地方财政的助力，郭塘村才有了扩大月季产业规模和推广观光旅游的底气。为进一步激发村庄"造血"能力，减少财政专项资金使用"碎片化"的现象，常山县创新财政资金支持模式，开展美丽乡村项目评比活动，以评比结果发放奖补资金，有效调动了郭塘村乡村振兴的积极性，充分发挥了财政资金"四两拨千斤"的作用。

三、一种转型让古村落焕发活力的金源经验

产业振兴是乡村振兴、共同富裕实现的基础，而美丽乡村建设又为农村产业发展、共同富裕建设创造了条件。金源村位于常山县东案乡北部，由原高角村、底角村、后宅村、外宅村4个行政村合并而来，村域总面积10平方公里，830多户，2430多人。金源村历史悠久，文化底蕴深厚，金源王氏家族曾是衢州望族，北宋中后期人才辈出，有"一门九进士，历朝笏满床"之誉。在中国全面实施乡村振兴战略及浙江高质量发展建设共同富裕示范区的当下，金源村深入践行"绿水青山就是金山银山"理念，依托厚重的历史底蕴，积极发展乡村旅游业，打造民宿产业。2020年6月，金源村和第三方合作，引入衢州市腾云文化旅游发展有限公司，通过盘活农村闲置房屋，以"公司+村集体+农户"的合作模式整村打造，实行规划、设计、品牌、标准、管理、采购、营销、线路、调度的统一，构建"腾云·旅游根据地"的"金源模式"。截至2021年底，接待游客5.2万人次，旅游总收入620万元，其中餐饮住宿收入390万元，带动就业收入和农产品销售220万元。"金源模式"获评省文旅促消费创新优秀案例奖、市业态模式创新奖，并成为2021年长三角乡村文旅创客大会浙江唯一入选交流案例，入选浙江省首批"文化和旅游促进共同富裕最佳实践案例"。金源村先后获得浙江省第二批历史文化村落、省美丽宜居示范村、省美丽乡村精品村、省级书法村、省级疗休养基地、中国传统村落等荣誉。

（一）发展民宿经济的主要做法

金源村在做好古村落资源保护与开发的同时，引入第三方机制，推动乡村旅游与民宿经济整体开发运营，实现了旅游与民宿双提升，让"金源模式"为村民创造更多共富渠道。

1. 建立中介机制，推动内外资本有机结合

金源村发展民宿的时间较短、底子较薄，尤其是对乡村旅游民宿经营的整体规划和品牌营销、乡村旅游土地资源利用的统筹协调和规制管理、乡村旅游住宿项目的经营管理能力提升等缺乏经验。因此，金源村通过"政府＋公司＋村集体＋农户"的合作方式，引入第三方的运营模式，将村集体和农户的闲置资源整体改造，做到统一标准、统一品牌、统一管理、统一经营，实现了乡村资源和外部资本的有机结合，探索并丰富了由公司（第三方）主导驱动、村集体和村民共建共享的民宿经济发展模式。

2. 丰富旅游载体，打造沉浸式的体验服务

文化是旅游最好的资源，旅游是文化的载体，没有文化的旅游就会缺乏魅力和生命力。发展民宿需要有留得住人的体验服务。金源村以"体验更精致、景观更精美、设施更精良、服务更精心、运营更精细"为方向，将省级文物保护单位"王氏贤良宗祠"修缮并植入进士文化，还原科举制场所，保留并弘扬地域特色文化，并为研学提供实体化素材；在盘活村集体闲置房屋的基础上，推出"老街八大碗"，形成以"清明泪"为特色的主打菜品，让游客吃得舒心；委托中国美术学院等专业设计团队对金源溪沿线、老街、旅游公厕、进士公园、山

海书院、景观导览等进行精提升，让游客玩得开心、住得开心。

3. 推动名宿集群，助推精品名宿村落建设

随着民宿产业的迅速崛起，金源村推动建立民宿集聚村，系统打造慢居民宿品牌。村子邀请民宿专家团队对民宿进行个性化改造指导，统一民宿品牌形象、统一民宿管理标准，不断推动民宿精品化、产业化、集聚化发展，提升民宿建设品质和服务品质，推动精品民宿建设，带动民宿集群升级，助推金源村获评市级民宿集聚村。截至 2022 年 9 月，共改建民宿用房 76 间，拥有床位 165 个，已打造一处约 1500 平方米的庭院式古建高端民宿集群，以及集康养、餐饮、购物、娱乐、研学、党建等功能于一体的游客集散中心。

4. 政府政策支持，加速推动文旅结合发展

发展乡村民宿不仅需要在民宿产业上下功夫，更需要相关产业携手并进。"腾云·旅游根据地"项目被列入常山县"一事一议"项目，县文旅、农业等部门合力参与其中。在原有民宿奖补政策、地接奖励政策基础上，设置项目营销推介奖励、文化资源倾斜、农业销售奖励等措施，引导项目做好农文旅产业融合，助推民宿产业发展。同时，做好项目模式总结、经验提炼，在全县范围内进行推广。

（二）发展民宿经济取得的主要成效

金源村在开展美丽乡村建设、万村景区化建设以及全域旅游建设的引领下，通过提升资源转化率、发挥中介驱动力、扩大产业覆盖面、打响品牌影响力，乡村面貌得到了大幅度改善，基础设施也得到了进一步的提升，先后被评为浙江省休闲农业与乡村旅游示范县和全国百

佳乡村旅游目的地，乡村旅游发展进入新阶段，已具备了大力发展民宿经济的基本条件。

1. 流量变收入，拓宽村集体增收渠道

金源村"腾云·旅游根据地"项目开创"品牌引领、联村联户、整村打造、管家服务、公司运营"的新运营模式。项目于 2020 年 9 月下旬完成一期建设，投入资金 800 余万元，共改建民宿用房 96 间，通过积极营销推介，当年接待游客 7.6 万余人次。项目预计每年为金源村输送游客 15 万人次，其中住宿 8 万人次，预计可实现村集体增收 50 万元，村民创利 1000 万元。

2. 民房变民宿，打造亮丽乡村风景线

金源村通过租赁农房进行统一设计、统一装修、统一运营，以当地"古韵山川"为绿色底本，结合宋代王介"一门九进士"的文化名片，首创"田园＋养生养老＋康养"的"康养旅居"业态，对古村古房体系进行系统改造，加快提升村容村貌，打造进士文化和旅游线路、宋文化网红村等景观节点，促使单一古村落向文旅融合村庄转型。截至 2023 年 9 月末，已完成 6 幢古民居、76 个房间的租赁，一期计划投资 2000 万元进行改造提升。

3. 农民变管家，调动农民参与积极性

农户可以选择收取租金或者合作分红两种方式，签订租期参与经营。除了房屋收益之外，还可以到腾云公司上班成为民宿的"管家"，腾云公司面向全村适龄妇女开设了礼仪、民宿服务技能等方面的"管家培训"课程，优秀者可聘为公司民宿管家。民宿一楼由农户自己居住，二楼、三楼通过腾云公司出资把闲置楼层改成民宿，客源由公司

统一安排，农户变身管家负责游客日常食宿，每月保底工资800元，旺季的时候能拿到三四千元的工资，实现一个家庭赚两份钱。

4. 村庄变景区，成为古村落保护样板

金源村依托当地特色的地理位置、历史底蕴、环境布局、民俗文化等特点打造示范性样板村，以点带面，推动全村乡村产业、人才、文化、生态全面振兴，勾勒出一副"产业兴旺、环境美丽、游客享受、村民收益"的美景。金源村在旅行社的帮促下实行规划、设计、品牌、标准、管理、采购、营销、线路、调度"九个统一"，2021年村旅游收入超500万元，农副产品销售额超200万元，先后获评省文旅促消费创新优秀案例奖、市业态模式创新奖，入选省级文旅助力共富最佳实践案例。

（三）发展民宿经济的启示

金源村的实践，为乡村民宿经济发展作出了有益探索，提供了很好的经验与启示。发展乡村民宿要在发展乡村旅游的基础上，因地制宜建立配套的基础设施，提供留得住游客的服务，让村民致富增收，实现乡村发展和村民收入增加的共赢。

1. 要完善村落基础设施建设，让游客到得了民宿

金源村发展民宿经济让游客到得了的关键是重视民宿周边交通的通达性与周边环境整体的提升。金源村自然环境优越，树木葱郁，距国家AAAA级景区梅树底景区仅3.5公里，是得天独厚的旅游胜地。自2016年至今，金源村持续实施环境优化工程，借助"五水共治"政策扶持，清理河道、溪流；借助"美丽乡村建设"政策扶持，建设公园、停车场、羽毛球场，对公路沿线进行绿化，对村民农居的外立面进行改造；借助"厕所革命"政策扶持，改造提升已有公厕，新建两个旅游厕所；借助"古村落保护"政策扶持，对贤良宗祠进行修缮。金源村每一项基础设施建设的实施，不仅是游客便利性、舒适性体验的提升，更是村民生活幸福感、获得感的提升。

2. 要重视宣传，产生品牌效应，让游客看得到民宿

民宿品牌不仅是"闯"出来的，也是"传"出来的，传递乡村历史文化，擦亮本地民宿招牌，才能为民宿吸引更多住户，铺就一条乡村振兴的致富之路。金源村精心实施"七个一"工程，制作常山城市宣传片，加强与媒体合作，加强线上线下平台宣传推介，让民宿"走"出大山。金源村主动融入浙皖闽赣国家生态旅游协作区和衢黄南饶"联盟花园"，走进长三角地区、山海协作城市等重点旅游客源地开展文旅资源推介活动，让民宿融入区域。金源村紧紧围绕"建党百年""党史学习教育"等主题，举办文化走亲、百人合唱等活动。整合景区资源和赛事活动资源，培育乡村旅游新业态，让民宿拉近人与人之间的距离。

3. 要编制民宿规划，整体布局，让游客会选择民宿

金源村以"宋代古风的画里乡村，贤良文化的研学走廊，放松身心的康养福地"为定位，结合省级"微改造、精提升"工作，按国家AAAA景区的标准整村打造。委托中国美术学院设计方案，重点对王氏宗祠、一字古街、后山溪、金源溪沿线等区块开展提升，从环境改造、文化创新、整体布局多维度重塑金源风貌。通过统筹规划，金源民宿的开发做到了有章可循，有利于实现古村落的保护与民宿产业开发的双赢。

4. 要激发村民的参与积极性，让村民受益于民宿

与星级酒店、新建造的接待设施相比，金源村村民将闲置住宅改造成供游客住宿的民宿以后，不仅可以最大限度地利用当地的土地资源，也可以让村民积极投入到乡村旅游的服务中去。2020年，腾云公司入驻后，租用村集体的古民居和村民闲置空房，让村民成为民宿主，旅游公司为民宿客源兜底，不仅为乡村民宿发展找到了方向，还能壮大村集体资产规模，让村民幸福感和收入双丰收。

四、"四片绿叶" 托起致富希望的何家经验

共同富裕的重点在农村，难点是农民的增收。常山县何家乡结合农业和农村的实际，用"四片绿叶"创造了发展的门路，走出了一条发展绿色农业让农民致富的发展道路。何家乡位于钱塘江上游，东连辉埠镇，西北与开化县接壤，境内长约10公里被纳入"衢州有礼"诗画风光带，涉及何家、樊家、江源、钱塘、黄冈、长风6个村，人口近万人，素有"一江（常山江）、一山（黄冈山）一湾（月亮湾）"之说。近年来，何家乡立足"生态立乡、绿色崛起"发展理念，以诗画风光带建设为契机，以"四片绿叶"生态产业（青大豆、食用竹、茶叶、辣椒）为主抓手，通过建强组织机构、培育多元主体、推动全域融合，探索出一条"支部联盟＋集体联企＋基地带农＋企业带货"的"两联两带"生态共富新路径，强力推进"宰相故里·圣境何家"建设。2021年，何家乡入选年度浙江省美丽城镇建设样板创建名单，全乡"四片绿叶"总产值2.34亿元，带动本乡3000多名农户人均增收万元以上，持续为山区县乡村引入新资源、新业态、新活力，不断拓

宽乡村融合发展的共富之路。

（一）发展"四片绿叶"的主要做法

何家乡境内富有丰厚的生态资源，下辖各个村在利用集体智慧的基础上群策群力，找准乡村共同富裕的切入点和发力点，兴办各个村的特色生态农业，凝心聚力画好"共富"同心圆。乡村振兴与农村人居环境整治持续推进，何家乡正在奋力闯出一条村民走向共同富裕的光明大道。

1. 青大豆喜变"金大豆"

何家乡的青大豆经销商不仅收购本地散户种植的青大豆统一加工销售，也从外省收购仓储青豆荚，整合以老年人为主的在家闲散劳动力发展剥豆加工产业。2022年，近10位何家乡"乡贤经销商"向本省和江苏、湖南、广东等省销售豆肉约7000吨，年销售额达1亿多元，仅剥豆荚一项，就带动本乡及周边的同弓、球川、辉埠、华埠和青石等地2000余户农户增收，户均年增收近万元。大量孤寡老人、留守妇女、低收入农户等加入全县剥青大豆加工链，每人每天至少有四五十元的劳务工资。小小的青大豆不仅让地方闲置劳动力就业，更带动村集体和经销商形成共同抱团发展模式，通过优势互补，实现产业共赢共富，华丽蜕变为共富"金大豆"。

2. 食用竹化身"富贵竹"

何家乡江源村利用原本时常受到常山港涨水破坏的荒滩进行食用竹种植，早年从安吉县引入白哺鸡竹笋，后来又种植早雷笋，成功转型发展食用竹种植产业。当地采取了强村公司模式，由种植大户指导带动农户参与食用竹种植，村集体协调土地资源并和种植大户一起谋划销路，通过"村集体＋村民"的合作模式，让竹笋走向杭州、上海、温州、义乌等地。2021 年，江源村的竹林规模发展到了 3000 余亩，全村 700 余户村民中有 90% 以上的农户都种植了食用竹，当年全村产量有近 150 万公斤，产值可达近 3000 万元。依托这片"富贵竹"，江源村成为远近闻名的"富豪村"，同时被评选为浙江省兴林富民示范村和森林食品基地。

3. 茶叶香远飘"致富路"

何家乡的茶叶基地在多位乡贤联合带头创办家庭农场的背景下得以建立，基地由农场投资，何家乡部分村联合投资建设厂房出租收益，低收入农户参与茶园茶叶采摘、日常管理，以"家庭农场＋消薄＋扶贫"三位一体的模式形成"共富茶园"，推进乡村产业高质量发展。其中最为有名的两座茶叶基地分别坐落于何家乡一南一北，渐有"北白茶，南银毫"之称。北面的白茶基地占地约 1000 亩，共种植茶苗 350 万株，品种主要为安吉白叶一号、黄金芽、黄金叶等。在南面的银毫凰岗茶园，360 余亩的茶叶林主要种植鸠坑种与翠峰，年产大宗茶叶 10000 公斤、茗茶 4000 余公斤。2022 年，两座茶园生产白茶、绿茶共 3.2 万公斤，产值 750 余万元，发放工资 550 余万元，带动 1200 名农户季节性增收。

4. 鲜辣椒切入"渔文化"

何家乡是常山县鲜辣美食的起源地，近年来长风村以"文旅＋鲜辣＋产业"的模式，把"渔家乐一条街"改造提升作为"鲜辣"文化切入口，持续推动居民创收能力提升。为了打响"鲜辣"这张名片，长风村于 2022 年 8 月开始改建鲜辣工坊，并成立辣椒酱制作团队，把"冷资源"变成"热产业"，打造了纯手工制作、无添加剂、口感独特的明星产品——长风鲜辣酱。该团队通过新媒体组成"线上＋线下"的模式进行销售，每年可带动村集体经济增收 5 万余元。利用"微改造，精提升"的契机，长风村"渔家乐一条街"日餐饮接待能力由原来的 1000 余人提升到现在的约 1650 余人。截至 2023 年 6 月，长风村有 54 家渔家乐，年经营额 4800 余万元，辣椒酱年销售 3 万多瓶，销售额达 100 余万元。

（二）发展"四片绿叶"取得的主要成效

何家乡深入推动"四片绿叶"产业链条延伸，在三产融合的基础上健全利益联结机制，促进企业和村集体联合走向共富。在打造更多应用场景的同时挖掘其文化价值，使得当地民众对"四片绿叶"共富产业认同感日益加深。

1. 产业链条延伸，三产融合全域旺

何家乡通过完善"四片绿叶"产业布局和功能定位，发展壮大产业集群，实现"一产带三产，一核多点"的产业布局。深入开展产业提质、增效、赋能三大行动，申报"一份常礼，何你心意""定阳豆"等特色品牌，探索形成资源入股利润分配机制，拓宽粗加工覆盖面，实现第一、第二产业深度融合。截至 2023 年 6 月，改良食用竹基地 500 余亩，新增优质茶叶苗 200 余亩，与省农科院意向合作建设 20 余亩青大豆和 50 亩食用竹实验田，全乡 85% 以上常住人口参与剥豆加工链。同第三产业的结合上，突出"竹海踏浪""禅茶一味""渔舟唱晚"三大特色板块，聚焦农文旅融合，以诗画风光带为轴线，打造竹海景观塔、茶文化创意园等 20 余处景观节点。截至 2023 年 6 月，已接待游客 15 万人次，带动旅游经济收入 1200 万元。

2. 企业联村带富，共建共享解难题

何家乡聚焦企业、村、农户共赢目标，以产业链延伸为纽带创新机制。一方面，建立健全利益联结机制，依托一级经销商销售网络，打通"四片绿叶"销售链条。如江源、樊家、何家三村联合成立常山县廉竹文化旅游产业发展有限公司，并与有关经销商签订合作协议。另一方面，村集体助企纾困，围绕"四片绿叶"基地建设，统筹资金建设一批基础配套设施项目。以强村公司盘活土地资源，提质扩量基地面积，同步开展劳务、招商对接、品牌推广、技术培训等服务。截至2023年9月，已经统筹"两山转化资金"550万元，建设冷库1000平方米，待投入使用后将转租给经销商使用，解决本地无大型仓储的困境。

3. 民众广泛参与，文化浸润入人心

何家乡依托未来农村社区建设，围绕"一桌宴席、一台戏曲、一场赛事、一个基地"四大主题，打造"四片绿叶"应用场景。结合黄冈万寿16道素食宴市级非遗，挖掘"四片绿叶"清廉饮食文化，融入《清简樊莹》戏曲体验。聚焦"一老一少"服务，联合敬老院、小学、幼儿园组织专题赛事、农耕研学。截至2023年9月，已开展剥青大豆比赛2次，300余人次参与，开展挖笋、采茶等研学3次，100余人次参与。在第五个中国农民丰收节到来之际，常山发布了"何家共富"四宝玩偶形象。何豆豆、郏小笋、宫小茶、富娇娇四个何家乡农特产品标识IP，依次代表青大豆、食用竹、茶叶、辣椒产业。"何家共富"这"四宝"的组合深受当地民众喜爱，成为何家乡"共富经"中浓墨重彩的一笔。

（三）发展"四片绿叶"的启示

何家乡发展"四片绿叶"的实践为乡村实现共同富裕之路做了一

系列探索，提供了精彩的启发与思考。实现共同富裕要在坚持科学调查的基础上，因地制宜建立特色产业，发挥党组织引领作用的同时调动群众自主积极性，促进乡村经济的可持续发展。

1. 科学定位，化资源劣势为共富优势

各个乡村发展主导产业不仅可以借助已有的资源优势，也可以通过科学调查将原本的劣势条件转化为能创造经济价值和生态价值的优势条件。最典型的例子便是江源村种植食用竹产业的成功转型。过去，江源村土地常被洪水淹没，种粮困难使得土地大量抛荒。常山县林业部门、村两委干部到安吉考察后引进了一批食用竹，昔日荒滩被改造为具有高营养土质土壤，种植食用竹，有效盘活了土地，显著增加了村民收入。

2. 产业引领发展是共富的有力保障

共同富裕的核心需要产业发展的引领，这是共同富裕发展的要求，而何家地处山区且是生态保护区，发展经济受到多方尤其是环保的限制，面对共同富裕发展的迫切需求和资源要素的制约，何家选择具有地方特色和竞争优势的"四片绿叶"作为发展的重点来突破，从而走出一条致富路。而这种发展思路符合农村实际，把地方特色产业做大做强，增强竞争力，从而推动农村的发展和农民增收。

3. 党建引领组织是经济发展可靠的动力源泉

何家乡通过组建"四片绿叶"党支部产业联盟、共富小组，成立"经销商＋经纪人＋农户"共建共享共富网格，吸纳了各村村支书、种植大户代表、核心区龙头企业负责人和辐射区经销商、优秀经纪人发挥集体智慧共议难题，改变了何家乡的经济面貌。乡村共同富裕的发

展道路上，党建对组织的引领作用将是不竭的动力源泉。

4. 群众自主积极性是共富事业最坚强的后盾

除了发挥党组织的引领作用，何家乡乡贤们以及广大村民也在共富事业中凝聚合力，共同促进产业的升级发展。例如，黄冈银毫茶园便是以乡贤带头，多位乡贤"联手"帮助，在量生产、深加工、广营销三路各展己长，共同谋求打响黄冈绿茶品牌。此外，村集体和经销商的合作模式极大调动了村民们参与产业链条的自主积极性。老龄劳动力足不出户，只需将送上门的青大豆剥好，每天固定有人收取、称重，并现场结算工资。便利的条件以及收入源的稳定为村民们带来了强烈的幸福感和投入共富事业的热情。

五、一个品牌打开了市场消费空间的柚香谷经验

市场的竞争核心是产品的竞争，产品的竞争归根结底是品牌的竞争，创建品牌是企业持续发展和赢得市场的关键。柚香谷创立于2015年，是浙江常山恒寿堂柚果股份有限公司开发的品牌，一直致力于胡柚深加工产业的提升，形成了涵盖果蔬汁、酵素、蜜炼和小零食四大品类近50种的胡柚深加工产品。柚香谷研发生产双柚汁、柚子酒、个护香氛、苏打水、香柚啤酒等系列产品。其中爆款产品"双柚汁"上市后，深受广大消费者喜爱。2022年销售额达到3.95亿元，2023年预计销售额达15亿元以上，纳税1.3亿元。公司先后获评为衢州市农业龙头企业、浙江省级农村产业融合发展示范园、农业农村部绿色高质高效行动示范基地，柚香谷双柚汁获评浙江省第一批"263共富农产品"。

（一）品牌打造促进富民产业发展的主要做法

浙江常山恒寿堂柚果股份有限公司所处的常山县盛产胡柚，其食用、药用价值极高，是中国国家地理标志产品。随着胡柚产业的转型发展，常山的胡柚生产企业纷纷由销售鲜果向精深加工转变。柚香谷在发展中抢抓机遇、乘势而上，进一步打造农业新业态，做深发展规划，以第一、第二产业的蓬勃发展为基础，响应国家大力提倡的"田园综合体"农业升级的方针政策，以"日本香柚"的 3 万亩种植基地为蓝本，构建起综合循环农业、生态养殖、农业观光、农事体验、度假休闲、特色餐饮、新零售购物为一体的"柚香谷"田园综合体，为促进常山当地农业产业升级，将"香柚"及其他浙西特色物产推介至全国乃至全世界。

1. 以提高质量为目的，全面打造"柚香"品牌

（1）扩大种植规模。坚持把常山胡柚这一全国特色优势农产品，打造成为柚香谷品牌核心，扩大胡柚种植规模。为解决香柚原料短缺的问题，柚香谷公司在已有 1.2 万余亩基础上，新开辟 2000 亩的香柚种植基地，并计划每年扩种 1 万亩。为此，柚香谷不仅加速在常山本地的布局，也计划在衢州其他县市区，甚至到浙江其他地区进行扩产。

（2）提升胡柚品质。以标准化、绿色化、规模化、设施化、智慧化"五化"为引领，按照"开发新建一批、改造提升一批、集中流转一批、嫁接更新一批"的思路，大力实施标准化果园创建工程，采用"评先奖优"等方式，引导和支持种植主体，加强柚园基础设施配套建设，注重应用优选新品种、专用有机肥、设施栽培、生物防控、数字分选等先进适用技术，保障从苗木定植到栽培管理再到分级贮藏全程

的标准化、可溯源。

（3）开发产品优势。引进日本高知县的香柚，将香柚芽从海外直接进口至常山。香柚作为源于中国、兴于日本和韩国的特色柑橘新品种，与胡柚优势互补，可开发多功能系列产品，极大地促进了胡柚新产品开发和产业链延伸。在小规模实验成果下，香柚苗木嫁接成功，成活率达到98%以上，为后续生产打下坚实基础。香柚独一无二的柚子香味，成为柚香谷产品区别于其他同类产品的最大特征与竞争优势。

2. 以多元化投入为依托，缓解企业发展压力

（1）地方财政的大力支持。为推动"双柚合璧"产业发展，各级财政在土地流转、香柚种植、设施设备等方面均予以财政补助，发挥了较大作用。安排胡柚推广种植补助资金200万元，专项出台胡柚种植土地流转奖补、规模种植补助等政策，对种植标准、管理规范的种植主体，种植面积在200亩以上的，给予补助600元/亩；种植面积1000亩（含）以上的，再给予600元/亩的水肥一体化灌溉设施一次性补助。2022年，地方财政投资资金2500万元，建成数字化繁育基地及分选中心，初步完成胡柚育苗、生产的数字化模型构建，实现整个生产过程"机器换人"。通过数字模型的精准控制，优果率可提高至90%以上，综合产值保守测算可提高35%以上。

（2）两山合作社盘活闲置资源。常山县成立两山合作社建设工作领导小组，成立并实体化运作两山合作社，走出了一条"数字赋能、挖潜增效、抱团经营"的生态价值有效转化路径。除了为农业企业提供资金支持外，两山合作社还搭建了"生态云脑"平台，将各类已收储、未收储的生态资源进行整理、归纳、包装、改造，让分散的资源聚起来。常山两山合作社以2500万元收购柚香谷公司3600亩基地（含30万株香柚树），再返租给企业经营，为其注入了资金"活水"。

当地政府投入 2400 万元用于开发香柚种植基地，建成后租给柚香谷公司使用，减轻公司资金压力。

3. 以三产融合为抓手，促进富农产业大发展

（1）深化农旅融合。柚香谷始终坚持胡柚一二三产业融合发展战略，积极探索产业融合发展新路径。柚香谷项目所在的白石镇草坪村，历史上曾为驿站，是常玉古道上的明珠，历来为兵家必争之地。古宅占地约 600 平方米，主体全部雕梁画栋。在设计之初，就充分与草坪古驿的历史文化、传说故事相结合，定位为"草坪古驿高端民宿"。依托第一产业的种植基地良好的生态资源，柚香谷还规划了特色民宿、餐饮等旅游第三产业项目，在常山县打造国际慢城的发展目标下，利用香柚这一特色物产，建设生态农业示范、滨水颐养理疗、户外野趣休闲、山地运动度假、乡村风情旅游、康体养生度假、生态景观休闲、芳香产业集聚等功能板块为一体的柚香谷综合旅游度假区、古建筑游客接待中心、高端民宿、香柚园观景凉亭等旅游休闲观光设施。

（2）强化农工融合。柚香谷一直致力于加快农业工业化联合发展步伐，增强精深加工能力。在香柚进行采摘后，柚香谷将综合"胡柚"和"香柚"推出新产品。与江南大学等科研机构进行技术合作，对胡柚、香柚原料进行深入研发，并投入 1000 万元资金引进了国内先进的柑橘榨汁、切丝、提油预处理生产线，最终成功开发出融合胡柚滋补功效与香柚独特清香风味的"双柚汁"产品，并迅速推向市场。除成功开发、上市柚香谷双柚汁，结合常山胡柚和香柚的特点，柚香谷实时提出了"双柚合璧"的产品开发思路，成功开发上市了双柚乳酸菌饮料、香柚啤酒、香柚果酒、双柚月饼等系列食品，以及跨类目开发出以香柚为核心原料的洗护系列日化产品。

（3）优化农商融合。围绕胡柚、食用菌等农产品的储存、运输环

节，打通产品冷库仓储、运输调配管理系统，实时采集冷库数据，合理调配仓库空间。同时统筹物流企业，串联一批市场，提升短链流通能力。配合衢州市的物流体系，即以杭州为中心，辐射宁波、嘉兴等五个省内重要集散点，实现县域农产品1小时进市、5小时通省，物流提速达50%。从种植、深加工到文旅融合，常山县委相关负责人表示，要做火的不仅是一款饮料，常山双柚产业正迸发出无穷能量。在当地勾勒的产业高质量发展蓝图中，到"十四五"期末，双柚产业总产值要达到100亿元以上。

（二）品牌打造促进富民产业发展的成效

通过多元化资金投入的助力，柚香谷取得诸多瞩目成就，实现不断盈利及获得一系列殊荣，但更重要的是其对于乡村建设的辐射效应不断凸显。

1. 致力产业链延伸，反哺农村经济

深加工的兴起，产业链的延伸，不仅能够给企业带来直接效益，也推动了胡柚收购价格稳步提升，带动村民增收，解决就业问题。柚香谷积极响应政府"一村一品，一县一业"政策，通过三产融合的发展，吸引农民在家门口就业，通过土地流转、植保劳务、采摘劳务、生产制造劳务，以及度假区带来的观光、住宿、餐饮等收入，提高居民经济收入。

2. 打造优秀当地品牌，增加财政收入

柚香谷通过对饮品的创新性开发，得到市场的认可。自2015年至今的8年时间里，柚香谷共种植了1.3万亩"YUZU香柚"，整个项目

投资金额超过 2.5 亿元。从 2020 年不足千万元到 2021 年突破 3000 万元，再到 2022 年的 4 亿元销售额。根据 2022 年底"YUZU 香柚"的产量，柚香谷在 2023 年最多可生产出近 2000 万箱的双柚汁。2023 年，柚香谷制定了 2025 年收入 50 亿元的目标，如果销售额达成百亿元，常山县财政局将会有 15 亿元的税收收入，对常山的经济发展意义重大。

3. 聚焦三产融合发展，推动产业融通

柚香谷依托第一产业的种植基地良好的生态资源，在常山县打造国际慢城的发展目标下，利用香柚这一特色物产，建成集芳香植物育种、种植、生产加工、产品研发、教育培训、康养休闲于一体的三产融合全产业链发展的"双柚芳香产业科技示范工程"。村集体盘活闲置厂房，投资 350 万元新建配套香柚冷链仓储中心、青果晒场，村企联合开发深加工产品带动传统产业发展，有效推动产业融通、村企融合，"农业 + 旅游"合力奏响兴业"共富曲"。

4. 农业发展护绿亦可富民，改善农居环境

常山县"两山银行"搭建了"生态云脑"平台，将各类已收储、未收储的生态资源进行整理、归纳、包装、改造，让分散的资源聚起来。通过两山银行将土地转租给柚香谷，使村庄废地、失管园地等发展第一产业，保持水土、提高绿化率，提高土地利用率和单位产出率，为当地带来了良好的生态效益。同时深化农旅融合，在不破坏原有环境的基础上，增添新的经济效益。

（三）品牌打造促进富民产业发展的启示

柚香谷胡柚产业融合发展，经济效益、社会效益、生态效益都得

到提升，推动了乡村振兴。柚香谷以地方特色农产品为基础，通过产业融合发展和品牌塑造，提升竞争力和市场占有率，对产业发展带动共同富裕建设有启示作用。

1. 保障措施到位是促进胡柚产业融合发展、推动企业发展的基础

常山县在促进胡柚产业融合发展方面采取了多项保障措施，是推动企业发展的基础。一是资金保障。为确保项目顺利实施，整合有关项目和财政资金，统筹安排专项资金支持，吸引社会资本流入，缓解企业发展的资金压力。二是用地保障。不断完善示范区范围内的土地经营权和宅基地使用权流转机制、建设用地调剂使用机制、低效用地再开发激励机制、低丘缓坡地开发机制。并且配合常州两山银行盘活闲置资源，进行土地的流转。三是科技保障。加强与科研单位及技术推广单位的联合，以高校及科研院所为技术支撑，加强关键技术创新研究。支持企业承担各类科技成果转移，联合各类科研机构成立研发中心。联合开展科技研发、应用和推广，推动科技成果转化和产业化。

2. 品牌走向数字化是新零售时代的核心竞争力

柚香谷对品牌进行数字化升级：以码为链，连通商品全生命周期。根据柚香谷商品不同品类、包装和规格，提供量体裁衣式自动化生产线改造方案，高速度、高精度自动化生产线，助力柚香谷跑出"加速度"。通过数字赋能，多码关联，高效实现产品数据化、信息化采集管理。信息贯穿生产、包装、仓储、物流、市场流通、消费者等全生命周期，各环节数据沉淀可实现产品追溯、渠道管控、消费者互动等功能，有利于企业进一步提高经营管理效率，增强市场的掌控力。

3. 坚持胡柚深加工产品开发与研究是提高胡柚附加值的重点

不断的科技投入是创新产出的关键，柚香谷公司经过缜密的市场调研分析，在掌握饮料产品市场需求动态前提下，与江南大学等科研机构进行技术合作，对胡柚、香柚原料进行深入研发，并投入1000万元资金引进了国内先进的柑橘榨汁、切丝、提油预处理生产线，最终成功开发出融合胡柚滋补功效与香柚独特清香风味的"双柚汁"产品，一经上市便受到高度认可，并以"一份常礼"形象，成为常山当地特色产品。截至2022年12月，柚香谷已开发出50多种胡柚深加工产品，成功上市了双柚乳酸菌饮料、香柚啤酒、香柚果酒、双柚月饼等系列食品，以及跨类目开发出以香柚为核心原料的洗护系列日化产品，未来将进一步深掘胡柚的附加值。

第六章
常山县共同富裕建设的思路

高质量发展共同富裕示范区是党中央对浙江的要求，也是浙江未来发展的重要任务。高质量发展建设共同富裕示范区，不仅要推动高质量发展，而且要推动城乡之间、区域之间的均衡发展，这对浙江省山区 26 县来说是重大的历史机遇。常山县要抓住千载难逢的机遇，与自身的发展要求紧密结合。按照常山县提出的"一切为了 U"的城市品牌，这个"U"代表的是"胡柚""香柚""茶油"等，不仅与优越区位、良好生态、悠久历史、独特资源等环境基因相吻合，而且还蕴藏了常山携手人民迈向共同富裕的美好蓝图，也是常山县探索共同富裕道路上的最佳金名片。作为山区 26 县之一，常山县要牢牢把握住建设共同富裕示范区带来的机遇与挑战，系统性构建实现共同富裕的目标与思路，同时也在实践过程中不断优化与改进。

一、共同富裕建设的机遇

高质量发展建设共同富裕示范区是党和国家给予浙江的重大使命和历史责任，共同富裕既要做大"蛋糕"，也要分好"蛋糕"。常山县位于浙江省西南地区，虽然地理位置不如杭嘉湖等地便利，但丰富的自然资源却是其得天独厚的优势。在建设共同富裕示范区的新背景下，省级层面对山区 26 县的政策支持力度较强。与此同时，随着数字化时代的到来，产业技术变革日新月异，也为常山基础产业培育了更多新优势。此外，在区域一体化协同发展下，跳出常山、发展常山也在不断为常山发展厚植新动能。常山县也在关键时刻紧抓机遇、迎难而上、奋勇向前，探索出了一条独具特色的常山共富之路。

（一）山区 26 县政策性支持力度强

2012 年，常山县与慈溪市结为山海协作结对城市，多年来两地深入贯彻实施山海协作工程，主动加强双方的交流合作，大力建设"消薄"飞地，共推产业转型，多措并举增进民生福祉。山海协作通过经济强县结对帮扶 26 县，为落后地区早日实现跨越式发展带来了更多的机遇。2021 年，《浙江省山区 26 县跨越式高质量发展实施方案（2021—2025 年）》提出为山区 26 县分别量身定制发展方案和支持举措，优化调整山海协作结对关系。慈溪—常山结对合作也在不断优化与调整，近年来慈溪市围绕省市关于打造山海协作升级版和推动全省山区 26 县跨越式高质量发展决策部署，在产业合作、乡村振兴、全域协作等环节靶向发力，为浙江省推进共同富裕示范区建设提供山海协作样板。

慈溪与常山正式"结亲"以来，经过10年的探索，两地在产业、消薄、科创三大"飞地"建设上下足功夫，三大"飞地"共建实现协作共赢。截至2023年9月，已有宏迈智能、宁波锐禾智能、益创新材料科技等5家企业入驻，"消薄飞地"产业园项目总投资1.82亿元，以慈溪高新区上林英才产业园为依托，吸引涉及医药器械、新材料、智能装备等领域的10余个项目入驻，促进常山县128个村集体经济增收，累计分红4447.67万元，实现了"研发在慈溪、量产在常山"。慈溪—常山山海协作共建产业园3次获全省山海协作产业园绩效评价第一档，山海协作为常山带来的发展机遇主要有以下三种方式。

一是以点带面助推美丽乡村新示范。紧扣常山乡村山水资源和基础优势，以提升村容村貌、改善基础设施、完善特色产业旅游项目等为抓手，截至2023年1月，打造乡村振兴示范村2个，累计助推常山打造乡村振兴示范点4个。在天马街道天安村，改造提升旧有工坊、米仓等建筑设施用于研学活动与旅游项目。截至2023年9月，带动葛根酒、稻米等当地农产品销售额达100万元，累计接待游客1.5万人。在新昌乡郭塘村，扶持月季花特色产业，通过援建月季产业园、育苗中心并引入数字智能化设施。截至2023年2月，助推该村月季花种植规模化发展达150亩，带动旅游项目、农品销售达千万元。

二是产业合作助推乡村发展新引擎。慈溪市在常山县新昌乡成功落地的千亩丝瓜络共富产业园，累计种植面积达1260余亩，带动劳动力就业500余人。2022年实现年产量15万斤、产值1800万元，并通过"土地流转租金＋种植务工佣金＋集体分红股金"的"三金"方式实现增收，全乡10个村集体年收入均破百万元。在此基础上，加快产业合作升级，达成丝瓜络卫浴布拖等日用品、文旅伴手礼及丝瓜水提取等精深加工合作项目，有效助力常山村集体经济消薄全覆盖。

三是多元结对促进基层事业新气象。做深做强"一院、十八镇、二十一校"等教育医疗、乡镇基层和消费文旅等合作，推动两地资源共享、联盟共建、帮扶互助，助力常山村级民生事业发展。为深化"二十一"校结对，慈溪市每年落实50万元改善提升常山基层学校基础硬件设施；在慈溪中学设"常山班"，为常山学子搭建高质量就学平台。继续推进乡镇结对全覆盖，围绕产业合作、社会公益等开展实质性帮扶，实现捐资140万元。积极在消费帮扶、山海文化、助困助学、青年共富等领域开展多层次、多形式的协作帮扶，持续开展"情暖U心 伴爱成长"教育帮扶、"慈农优选"常山专场、"携手乡村振兴 山海共富慈常"文化走亲、"百万营养助苗"等系列品牌协作活动，促进慈常两地群众共享山海协作共同富裕成果。

（二）产业技术变革培育新优势

高端装备制造业和"两柚一茶"是常山县两大主导产业，其中高端装备制造业以轴承产业较为突出，也是浙江轴承制造起步最早的区域之一。但过去10余年，常山县轴承产业一直面临"低、小、散"的发展瓶颈。为破解难题，撬动传统产业革新培育新优势，2022年当地开始实施产业延链补链强链专项行动，开展轴承产业攻坚和"十链百企共生"行动，串起县域产业链、实现内循环，推动产业集聚发展、产业规模倍增，加快推进轴承产品高端化、生产工艺智能化、生产流程数字化。截至2022年12月，常山县已成功引进先导三期、斯凯孚二期和总投资65亿元的华创铜箔项目等亿元以上制造业项目21个；出台工业新政20条、轴承新政等惠企政策，并成功入选浙江省制造业高质量发展结对促共富示范创建名单，获3亿元财政专项激励。常山胡柚因其口感和药用价值正好符合当下人们的主流选择，因此双柚汁等产品在市场上广受欢迎，带动了常山胡柚相关行业的繁荣和兴盛。

常山县以"一切为了U"城市品牌为引领，突出"产业为王、工业强县"，深化"八大行动"，全面完成"十四五"规划目标任务，奋力争当高质量发展建设共同富裕示范区县域典范，加快建设"浙西第一门户"。

2022年，常山县出台"工业新政20条"，高端装备零部件、"两柚一茶"总产值分别达到65亿元、40亿元。大和三期、斯凯孚二期、小乔二期等"接二连三"落地。产值超亿元工业企业48家，新增规上工业企业（含小升规）21家，入选省专精特新中小企业名单7家，纳税超亿元企业增至5家，通过浙江制造"品字标"认证企业9家。启动科技创新三年行动，新认定国家高新技术企业28家、省科技型中小企业67家，新增专利969件，入选山区26县科技成果转移支付试点县，灿宇纺织、长盛化工、艾佳食品获省"尖兵""领雁"立项，规上工业企业研发经费占营业收入的比重为3.4%，居全市第一。实施数字化改造项目19个，数字经济核心产业制造业增加值增长12.4%。入围省现代服务业创新发展区、全省县域商业体系建设示范名单，元坞康养、麦迪森等4个项目被列入省服务业重大项目。全市首个纳入国家级交通规划的常山江航电枢纽项目顺利开工。总投资90亿元的华创铜箔项目作为全市唯一代表在省集中签约仪式上成功签约并落地。引进天马股份，实现上市公司零突破。先导精密、环宇轴承2家企业入围工信部专精特新"小巨人"，成功实现破零。

此外，常山县还深入推进"315"科技创新体系建设，始终坚持把"创新引领"作为推动高质量发展的关键变量，以开展"学习年、行动年、服务年"为抓手，聚焦"五个一"产业发展，依托浙江大学衢州研究院和浙江大学工程师学院衢州分院、浙江理工大学常山研究院等创新平台，企业自主研发能力有效提升，创新主体地位更加凸显，为县域经济高质量发展注入强劲动能。

（三）区域协同化发展厚植新动能

近年来，常山县委、县政府高度重视浙赣边际合作（衢饶）示范区建设工作，态度上积极主动、行动上加快推进，努力当好"排头兵"、展现新作为，以主力军的新担当、新作为奋力推动"示范区"建设提效破局。衢饶示范区建设是百年大计，全县上下高度重视，把握新时代发展机遇，积极融入国家发展大局，增强信心，鼓足干劲，全力以赴推进示范区建设。强化规划的战略引领，完善规划编制，加强内容策划，切实增强前瞻性、科学性，在大局中找准自身定位，大力发展高端制造、文化旅游、幸福康养等绿色产业。把重点项目作为衢饶示范区的重要支撑，依托区位优势和产业基础，全力招引高端项目和人才，凝聚发展新动能，助力示范区建设，力争打造全国跨省合作样板。加强领导、组织力量，构建对外开放大格局，推动示范区管理体制机制创新，强化项目、资金、人才、土地等要素保障，挖掘更多优势互补的契合点、合作共赢的闪光点。紧扣时间节点，强化责任意识，进一步明确职责、细化分工，协同联动、快速推进浙赣省际未来驿站项目建设。推动实现资源共享、设施共享，是常山县深化打造浙赣"省际门户"风貌区的重要举措。

为深入推进浙赣边际合作发展，2023 年以来，常山县坚持"一盘棋"理念，在双方战略合作基础上，与玉山县建立浙赣"省际门户"风貌区合作建设机制，以常山县白石镇、球川镇和江西省玉山县岩瑞镇为主体，构建整体大美、生态优美和资源共享的新风貌管理区，推动浙赣边际合作（衢饶）示范区实现"设施共享、风貌共治、产业共荣"。围绕浙赣"省际门户"风貌区建设，常山县树立"串点成线、连线成带"的建设思路，建立一体化风貌管控共同协商机制，在风貌区内开展了"亮化、美化、洁化、序化"四大行动，先后完成六大节点，700个美丽庭院、5处厂房、859宗农房风貌整治，大幅度提升了风貌区颜值气质。常山县有7个村与江西交界，由于存在风俗、政策差异，矛盾纠纷不易化解。2022年，常山县提出探索浙赣跨省联治新模式，白石镇与岩瑞镇先行试点联合建立"跨省网格"，推行党支部建在网格、党建服务进入网格、党员融入网格的"党建+网格"工作体系，依托跨省网格便民服务中心实行实体化运作。由两地村干部、党员、乡贤共同担任跨省网格员，在服务代办、矛盾调解等方面开展省际边界基层治理合作。2021年8月，常山、玉山两地还共同制定了联管网格考核细则和网格员考核办法，实现四大类40余项跨省事项通办。自"跨省网格"建立以来，已为两地村民提供服务120余次，化解矛盾纠纷40余起。

二、共同富裕构建的目标

为深入贯彻落实高质量发展建设共同富裕示范区的重要指示与要求，2021年《常山县高质量发展建设共同富裕示范区行动计划（2021—2025）》围绕打造"浙西第一门户"，强发展、求突破、勇争先，按照到2025年、2035年"两阶段发展目标"，在经济高质量发展、城乡区域协调发展、收入分配、公共服务优质共享、精神文明建设、全域美丽建设、社会和谐和睦等方面明确了常山县构建共同富裕的指标体系，创造性、系统性推进共同富裕示范区建设，争当县域典范。

（一）经济跨越式发展迈上新台阶

常山县产业高质量发展带动经济总量稳步提升，地区生产总值力争实现翻番，到2025年达300亿元，占全省比重稳步提高，人均生产总值达到 10 万元。其中，先进制造业成为高质量发展的重要支撑，传统产业数字化、智能化、绿色化改造取得明显成效，先进制造业、现代服务业和现代农业深度融合发展，高端装备零部件产业和"两柚一茶"特色农产品深加工产业规模不断做大，成为龙头优势产业，大健康、新材料等产业集群发展，形成一批龙头企业、单项冠军、隐形冠军。数字经济发展水平明显提升，创新创业创造动能充分释放，对人才吸引力稳步提升。力争成为四省边际营商环境最优县，阻碍营商环境建设的体制机制问题基本清除，产业集群、招商体系、营商生态优化互促的良性循环加快构建，营商便利度保持在全省前列。

（二）县域治理现代化水平显著提升

充分发挥党总揽全局、协调各方的领导作用，党建统领的整体智治体系基本建成，走出"县乡一体、条抓块统"县域整体智治改革常山模式，形成一批实践成果、理论成果、制度成果。清廉常山建设纵深推进，清廉单位建设见行见效，政治生态显著优化，从严治党成效进一步彰显。基层党组织建设持续增强，基层党组织战斗堡垒作用和党员先锋模范作用充分发挥，"两专工程"深入实施，干部队伍专业素质、干事激情明显提高，法治常山、平安常山建设一体推进，社会主义民主法治更加健全，生产安全事故死亡率、万人犯罪率、万人成讼率逐年下降，网络空间更加清朗，社会公平正义充分彰显。自然灾害防治体系和应急管理体系建设更加完善，风险闭环管控大平安机制全面构建，成为基层治理县域典范。

（三）物质和精神文明水平显著提高

低收入群体增收渠道不断拓宽，增收能力、生活品质和社会福利水平明显提升，以中等收入群体为主体的橄榄型社会结构基本形成。基本公共服务均等化全面推进，教育、健康、养老、救助、住房等公共服务达到更高水平。同时，文化自信不断增强，文化软实力全面提升，社会新风尚更加鲜明，千年古县文化魅力充分展现。文明城市创建进一步深化，文明好习惯养成率达到90%以上，成为"衢州有礼"标杆示范。

（四）生态文明建设红利效应加速释放

山水公园城市颜值明显提升，"东拓西整、拥江发展"加速推进，城市"十个一"工程全面完成，以生态宜居为特色，以海绵城市、韧性城市为基础，依山傍水、显山露水、青山绿水、山水相融、生态宜居的山水公园城市充分展现，城市凝聚力、带动力、竞争力不断提升，力争城镇化率达到65%以上。美丽常山建设取得阶段性成效，美丽城镇、美丽乡村、美丽田园、美丽河湖建设一体推进，生态底色更加靓丽，成功创建全省低碳示范县。让两山合作社真正成为生态转化的主通道、集成改革的主抓手、共同富裕的主引擎。乡村旅游、生态旅游、康养旅游、研学旅游、红色旅游、古村落旅游等山区特色旅游蓬勃发展，形成一系列可休闲、体验的空间和产品，民宿实现品牌化、集聚化发展，生态优势有效转化为发展优势。

（五）区域协同发展持续升级

通达四方的铁公水空一体化交通体系加速向外拓展，交通运输先行引领作用持续增强。融合发展取得新成效，东接西联北融工程全面深化、实现突破。协作发展迈上新台阶，山海协作持续升级，形成一批产业链协作、公共服务合作成果。四省边际区域协作续写新篇章，浙赣边际合作（衢饶）示范区成为生产要素集成、产业高端发展的示范区。

三、常山县共同富裕构建的原则

面对高质量发展共同富裕带来的机遇，常山县必须从实际出发，把共同富裕发展的要求和常山县的实际结合起来，抓住机遇，与时俱进，不断开创常山县发展的新篇章。

（一）坚持以习近平新时代中国特色社会主义思想为指导

要坚持不懈用习近平新时代中国特色社会主义思想凝心铸魂，教育引导各级党组织和广大党员干部突出问题导向，查不足、找差距、明方向，接受政治体检，打扫政治灰尘，纠正行为偏差，解决突出问题，不断增强党的自我净化、自我完善、自我革新、自我提高能力，使我们党始终充满蓬勃生机和旺盛活力，始终成为中国特色社会主义事业的坚强领导核心。习近平总书记指出："要实现党的二十大确定的战略目标，迫切需要广大党员、干部特别是各级领导干部进一步深入学习贯彻新时代中国特色社会主义思想，这是党中央确定在全党开展这次主题教育的主要考量。"[1] "主要考量"四个字，道出了用习近平新时代中国特色社会主义思想凝心铸魂的战略意义所在。要坚持用习近平新时代中国特色社会主义思想引导广大党员干部树立正确的权力

---

[1] 《在二十届中央政治局第四次集体学习时的讲话》，载于《人民日报》2023 年 5 月 16 日 01 版。

观、政绩观、事业观，增强责任感和使命感，不断提高推动高质量发展本领、服务群众本领、防范化解风险本领，加强斗争精神和斗争本领养成，提振锐意进取、担当有为的精气神，以新气象新作为推动高质量发展取得新成效，依靠顽强斗争打开事业发展新天地。

（二）坚持山区 26 县共同富裕战略思想

扎实推进共同富裕示范区建设，是常山必须扛起的政治责任，也是前所未有的重大机遇。全县上下既要深刻理解把握党中央战略意图，也要全面贯彻落实中央和省委、市委部署要求，对标全省共同富裕指标体系、山区 26 县考核体系和常山行动计划目标体系，坚决扛起争当高质量发展建设共同富裕示范区县域典范的使命担当，在共同富裕赶考路上跑出"常山速度"。2023 年以来，浙江省贯彻落实"疫情要防住、经济要稳住、发展要安全"的要求，忠实践行"八八战略"、奋力打造"重要窗口"，念好新时代"山海经"，按照省委"两个先行"目标要求，坚持稳进提质、稳中求进，高效统筹疫情防控和社会经济发展，认真落实各项宏观政策和助企纾困稳住经济大盘"一揽子"举措，着力健全"一县一策"推动山区共富机制，补短板、强弱项，积极有效应对风险和压力，2022 年，山区 26 县高质量发展取得积极成效，共同富裕扎实推进。聚集高质量发展短板弱项，着力解决不平衡不充分问题，不断推动山区 26 县放大特色、转换优势，政策合力牵引发展实效，才能推动山区走出发展蝶变之路。

（三）坚持区域一体化协同发展战略

深入推进省内跨界区域一体化发展，加快空间重组、发展提质和能级提升，是浙江省深化推进浙江省大都市区建设，深入贯彻落实长三角区域一体化发展国家战略重要举措。根据2019年省政府工作报告"深化推进四大都市区建设，启动实施杭绍甬、甬舟、嘉湖一体化行动，加快推进城市群同城化"工作部署，积极落实《浙江省大都市区十大标志性工程建设方案》关于"甬舟、杭绍、甬绍、嘉湖、杭嘉、甬台等一体化合作先行区"建设要求，在制定杭绍甬、甬舟、嘉湖、衢丽花园城市群一体化实施方案基础上，聚焦省内甬舟、杭绍、甬绍、嘉湖、杭嘉、甬台等一体化合作先行区建设的迫切需求，充分借鉴国内外跨区域一体化建设模式经验，总结形成针对性的政策支撑体系，对于打破属地边界和行政藩篱、切实推进省内重点区域一体化发展具有重要意义。衢州市在省际合作上的探索很有意义，以衢黄南饶绿色低碳产业发展合作区建设为契机，将持续创新合作机制、谋划重大项目，推动省际合作不断走深走实。常山位于赣浙交界处，也必将继续坚持区域一体化协同发展战略，深度融入周边地区发展。

（四）坚持生态文明绿色发展理念

党的二十大报告强调，要推动绿色发展，必须牢固树立和践行"绿水青山就是金山银山"的理念，站在人与自然和谐共生的高度谋划发展，坚定不移走生产发展、生活富裕、生态良好的文明发展道路，实现中华民族永续发展。常山县位于钱塘江源头区域，是全球绿色城市、国家重点生态功能区，有"千里钱塘江、最美在常山"美誉。20年来，沿着"八八战略"指引的道路，常山县坚持一张蓝图绘到底，坚定不移走生态优先、绿色发展之路，高水平推进生态文明建设，在高质量发展中绘就"诗和远方"绿色画卷。坚定不移践行绿色发展理念，自觉扛起生态担当，加快实现"绿水青山就是金山银山"转化，实现了经济发展与生态保护相互促进，谱写了生态文明建设的美丽篇章。一流的山水吸引一流的开发，一批批高端项目纷纷落地常山，文旅康养、生态观光、现代农业……让资源变现为资本，农村变身为景区，绿色发展解锁乡村振兴的"幸福密码"。近年来，常山县对标创建全国生态文明高地和世界一流生态旅游目的地，以建设四省边际生态宜居城市为核心，以国际慢城、宋诗之河、奇石文化、乡村休闲等为主线，通过厚植生态本底、传承历史文脉、打响花园品牌、夯实美丽基础、探索两山转化、构筑开放格局，力争把常山建设成为"大湾区战略节点的两江通道、大花园核心景区的慢城风光、大通道浙西门户的通衢首站、大都市区绿色卫城的康养福地"，努力打造践行"绿水青山就是金山银山"全国标杆和"诗画浙江"鲜活样本。

四、共同富裕建设的思路

2023 年是全面贯彻落实党的二十大精神开局之年，是浙江省"八八战略"实施二十周年。在此之际，"十四五"时期即将过半，常山县在"十四五"开局之年对共同富裕构建的五年共富规划，主要从经济、民生、生态等方面着手。近两年，常山县总体发展情况与 2020 年初相比有所增长，但与 2025 年预期目标相比还有一定差距。因此，为进一步推进共同富裕示范区建设，常山县要不断创新和优化共富构建思路（见图 6-1），主要包括六个方面：一是继续提振产业经济，夯实共富之基；二是继续完善两山合作社转化工作，强化共富平台；三是协调区域一体化发展，拓展共富范围；四是深化生态绿色发展理念，擦亮共富生态底色；五是完善民生治理体系，提升共富群体保障和幸福感；六是加强党建引领，推进"清廉常山"建设。

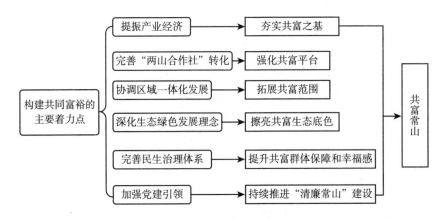

图 6-1　常山县构建共同富裕的思路框架（2023~2025 年）

（一）提振产业经济，夯实共富之基

常山县的两大主导传统产业分别是高端装备制造业和"两柚一茶"产业，此外半导体等新兴产业也在逐渐扩展。2022 年出台"工业新政 20 条"，高端装备零部件、"两柚一茶"总产值分别达 65 亿元、40 亿元。经济上 2022 年全县地区生产总值达 200.6 万亿元，比上年增长 4.1% 左右；规上工业增加值 51.95 万亿元，比上年增长 10.2%；固定资产投资比上年增长 11.2%；社会消费品零售总额 91.12 万亿元，比上年增长 7.9%；一般公共预算收入 16.61 万亿元，比上年增长 10.7%；城镇、农村居民人均可支配收入分别为 49442 元和 28996 元，分别比上年增长 6.0% 和 7.8%。虽然总体增长趋势较为明显，但与 2025 年预期目标相比，固定资产投资低于全市增长水平（17.7%）；城乡居民收入倍差约为 1.71，小于 1.74；人均生产总值还未达到 10 万元；两大主导产业还有较大发展空间。常山县一直以来注重"工业强县、产业兴县"，产业发展牵动着当地的经济、民生和就业等问题，因此必须提振产业经济，才能夯实共富之基。当前，常山双柚、双柚汁等品牌在市场上广受欢迎，未来发展潜力较大，因此还需加强上下游供应链保障程度，大力推进农业振兴，尽快出台"两柚一茶"种植和加工等标准，鼓励柚香谷和艾佳等龙头企业带动共同富裕新模式。同时，在新型数字化产业发展上，常山县起步相对较慢，因此还需围绕"产业数字化、数字产业化"大力培育数字经济智慧产业。2023年浙江把数字经济创新提质提高到"一号发展工程"的重要地位，对常山而言，需加快推进轴承、纺织等传统产业数字化改造，推动产业向高质量、高效益结构转型升级。

（二）完善两山合作社转化，强化共富平台

2020年9月，常山县聚焦生态资源资产管理和转化的低效闲置、支农无奈、增收乏力、招商落地难四大困惑，成立并实体化运作两山合作社，搭建区域内资源集聚、资产交易、信用担保、招商对接、农业投资和生态补偿六大平台，打通了生态资源高效转化的便捷通道，使其成为共同富裕的"桥"和"船"。截至2022年底，两山合作社已为1307户主体授信5.37亿元，发放生态贷5.35亿元，撬动资金近5亿元，助力全县176个村集体增收5844万元，在闲置资源集中收储、生态产品交易机制、生态产品品牌体系建设、推进生态资源分类开发等方面取得了明显成效。两山合作社作为共同富裕建设的重要平台，应持续完善转化后工作。一是要继续做大资源整合板块。对资源进行集中统一模式的收储，"碎片化"资源逐步形成规模，平台通过整合连片、配套升级，使其更具规模优势和可开发利用价值，将两山合作社打造为国内最具规模的"资源整合商"。二是要做强资源交易板块。以实物性资产和权益性资产为交易产品，搭建全流程数字化的生态资源交易中心。挂牌成立常山县生态资源资产交易中心实体化运营，实行

流转交易、交易备案、竞拍等职权，通过交易中心对接市场，实现生态资源的价值增值和效益变现，把两山合作社打造成国内最具实力的"资产交易商"。三是要做优资源转化板块。通过分类开发运营，低效化资源实现价值提升，探索开展农村集体经营性用地入市交易、农村产权交易经营权证抵质押贷款等，进一步盘活经营权和使用权，从而打通资源转化为资产，资产转化为资本、资金的便捷路径，把两山合作社打造成国内最具优势的"资本对接商"。四是要着力优化营商环境。提升资产运营和商业运营水平，提高收储资产经营价值，实现与市场主体共赢。利用"生态云脑"数字化服务，在资源收储方面帮助企业节约投资时间和成本，促进企业精准投资项目，进一步营造清亲政商关系，确保"有求必应、无事不扰"，把两山合作社打造成国内最具意识的"市场服务商"。

（三）协调区域一体化发展，拓展共富范围

常山县素有"八省通衢，两浙首站"之称。"八省通衢"，是指闽、赣、湘、粤、桂、黔、滇、川八省曾由常山进出；"两浙首站"意为常山曾地处两浙路第一驿站地，是南方八省到浙江的第一站，宋朝时朝廷曾树"两浙首站"之碑。2022 年浙西窗口服务区成功列入省交通强国试点、省交通服务共同富裕试点，351 国道、杭金衢高速拓宽项目交工验收，辉何公路、综合客运枢纽、美丽通道建设快速推进。山海协作产业园连续两年获评全省工业类产业园一等奖，产业飞地成功入驻 5 个项目，实现投资 1.7 亿元，消薄飞地年收益增至 1330 万元。衢饶示范区建设稳步推进，《常玉战略合作框架协议》正式签订，首批 24 个合作事项加快落实。站在新的发展起点，"浙西第一门户"的发展定位被赋予新的使命。这是立足新发展阶段、贯彻新发展理念、构

建新发展格局的战略选择。身处长三角区域一体化的时代大潮，常山县须跳出山区思维、导入沿海意识，加快提升发展的层次和能级，更好融入四省边际区域协同开放发展。未来应全面打造开放协作优势，不遗余力畅通开放大通道、构建协作大平台，促进外贸大繁荣。拓展交通网络，聚焦外循环，谋划推进衢黄铁路、205 国道外移，开工建设招贤芳村联通联建工程、324 省道；深化协作层次，推进衢饶示范区建设，加快国土空间规划报批，力争升级为省级示范区、纳入国家试点；繁荣开放经济，主动对接"一带一路"和中国（浙江）自由贸易试验区建设，全面参与衢州综合保税区申建工作，强化关地合作、出海拓市，推动高新技术货物布控查验模式试点落地。常山与周边地区的一体化发展协调推进后，辐射作用和溢出效应可能会在较大程度上拓展共同富裕的影响范围。

（四）深化生态绿色发展理念，擦亮共富生态底色

在深入贯彻落实"绿水青山就是金山银山"这一理念下，以生态文明示范创建为目标，坚定不移走绿色发展之路，护美绿水青山，做大金山银山，积极打造常山版"富春山居图"。通过高位组织、规划引领和多措并举，使常山县的空气质量持续改善、水环境不断提升、土壤环境不断优化。虽然重点污染地区和企业已经全力整治恢复自然生态，但生态保护工作不是一蹴而就的，而是要持续发力。要做好全力打赢生态环境巩固提升持久战的准备，长期实行最严格的生态环境保护制度，深入打好治水治气治土治废治塑攻坚战；持续强化土壤环境风险管控，分类落实农用地土壤优先保护、安全利用等污染防治和精细化管理措施；坚持最严格的耕地保护制度和最严格的节约用地制度，遏制耕地"非农化"、严格管控"非粮化"；实施生态修复和生物多样

性保护，全面实施以"三线一单"为核心的生态环境分区管控体系，严格按照生态保护、基本农田、城镇开发边界实行用途管制；持续深化"五水共治"碧水行动，加大水环境改善力度；持续深入推进清新空气行动，深入开展"控煤减碳"专项行动，建立健全碳排放配额管理机制和激励约束机制，推动企业实施低碳技改；积极推进山水林田湖草系统生态保护修复，强化生物多样性保护，优化森林生态效益补偿机制。不断深化生态绿色发展理念，就会擦亮共同富裕的生态底色。

（五）完善民生治理体系，持续提升人民群众的幸福感

共同富裕的最终成果要由人民来共享，因此民生治理问题始终是共富过程中的重点。2022 年，常山县全年民生支出 46.7 亿元，占一般公共预算支出的 68.7%，历年最高；坚持就业优先战略，举办"老乡留常山、岗位送给 U"系列招聘会 63 场，新增城镇就业 5308 人，开发公益性岗位 792 个；强化助企稳岗，发放稳岗返还等各类补贴 3600 余万元，获省级失业保险调剂金 1727 万元，全市最高；实施参保扩面行动，企业职工养老保险新增参保完成率居全市第二位，基本医保参保率达 99.9%，惠衢保参保率达 82.4%；建立了"1411"社会救助体系，全省率先实现县乡村三级助联体全覆盖，发放社会救助金 1.5 亿元，最低生活保障标准提高至 12240 元/年；与浙江中医药大学、浙大一院、新华医院开展紧密合作，全国健康促进县高分通过省级评估。全国率先实施肺结核"双免"政策，发病率同比下降 10.1%。尽管近两年在公共服务供给、社会保障、就业等方面的改善力度较大，但要持续提升人民群众的满足感与幸福感还有较大提升空间。让人民群众共享更多优质公共文化服务，加强文艺精品创作，突出抓好《清简樊莹》《贤相赵鼎》《一门九进士》等重点主题文艺作品创作；高标准建

设完善公共文化设施，加快建设常山文化中心、泓影戏剧文化产业园、文昌阁等常山文化地标建设；持续深入健全整合型医疗卫生服务体系，深化医联体和县域医共体建设，持续推进县级医疗资源向乡村两级延伸；持续推进教育、医疗等优质资源向农村下沉；引入数字化建设，加强社会治安管理。只有不断完善民生治理体系，才能提升人民群众的保障和幸福感。

（六）加强党建引领，持续推进"清廉常山"建设

自"清廉常山"推出以来，常山县的党风廉政建设和反腐败斗争工作取得的成绩值得肯定，接下来要继续加强党建引领，一以贯之强化政治监督，进一步强化思想铸魂、护航中心大局、提升政治能力，确保"两个确立""两个维护"落实落细落地；要一寸不让地深化作风建设，持之以恒纠治"四风"、全面涵养勤廉之风、大力弘扬新风正气，坚决防止"四风"问题滋长蔓延、成风成势；要一严到底推进反腐惩贪，增强惩治腐败的震慑力、刚性制度的约束力、廉洁文化的感召力，一体推进不敢腐、不能腐、不想腐；要一刻不停优化营商环境，筑牢亲清政商根基、斩断利益传输链条、打造清廉建设标杆，建设"全市前列、全省一流"的营商环境最优县；要一抓到底健全监督体系，在凝聚监督合力、贯通监督方式、提增监督能级上持续发力，全力推动监督职责再强化、监督力量再融合、监督效果再提升，坚定不移地持续推进"清廉常山"建设。

7 Chapter

第七章
常山县共同富裕的金融政策建议

　　"融资难，融资贵"一直是制约地方经济发展的难题，作为有"胡柚之乡""油茶之乡""食用菌之乡"之称的常山县也不例外，长期以来，由于产业集聚度较低，"航母型""链主型"企业缺乏，"沉睡"资源无法有效盘活，导致县域整体经济体量较小，底子薄弱、财力较弱，发展不平衡不充分问题突出。常山县为了弥补短板，坚决贯彻新发展理念，着力拓宽"绿水青山就是金山银山"转化通道，积极探索生态产品价值实现机制，利用丰富生态资源走上绿色发展之路，用高水平生态环境推动经济社会的高质量发展。在全面推进生态文明建设，大力实施"两山"转化行动中，聚焦县域生态资源转化通道窄、效率低、效益差等关键问题，常山县在全国率先探索成立两山合作社，以数字化改革为引领，开发生态云脑，打造一个资源整合、功能提升、可持续运营的生态价值实现新平台，破解乡村振兴、农村改革发展进程中的难题，即生态产品评估难、抵押难、变现难的困局，让沉睡的"资源"变成"资产"

"资金""资本"，走出了一条生态价值有效转化路径，为共同富裕搭建了"桥"和"船"，让更多的"绿水青山"变成"金山银山"。

一、推进共同富裕建设的金融政策实践

"融资难、融资贵"的核心是缺乏担保抵押，使得金融机构不愿贷，也不敢贷。常山县通过组建两山合作社，架起了市场主体和金融机构合作的桥梁，为市场主体尤其是涉农市场主体的融资提供保障，有力推进了经济发展和乡村振兴战略的实施。

（一）密切财金协同，搭建两山合作平台

强化财政政策与区域政策、土地政策、金融政策等政策间配合，形成同向发力的叠加效应。一是形成多元化联盟。在两山合作社改革实践中，常山县农村投资集团有限公司（以下简称"常山农投集团"）、浙江省农业融资担保有限公司（以下简称"省农担"）常山办事处、中小企业融资担保有限公司、金融公司等国有企业牵头成立两山合作社产业运营联盟，促进生态资源与优质社会资本无缝对接。二是资金全周期奖补。常山县在资源收储上突出分级分类，将两山合作社收储的资源资产分为登记类、存储类、收储类和招商类，分级分类给予最高500万元财政奖补。在企业运营上突出帮扶作用，将两山合作社运营的公益类、准公益类项目分别按照五年期贷款市场报价利率的100%、50%进行贴息奖补。在成果转化上突出转化实效，按照"拨改投"形式对企业从事生态资源相关经营，实现生态转化的给予最高100万元运营奖补。三是资本全领域撬动。常山县为更好发挥财政资金

"四两拨千斤"的效果，有序引导金融资本和社会资本进农村，对合作金融机构按年化月均贷款余额的1.8%给予一次性财政补助，要求贷款年利率按银行同期贷款市场报价利率，上限不超过4.85%。对县中小企业融资担保机构按"三农"项目担保月均余额的1.2%给予一次性财政奖补，将融资担保机构收费年化标准控制在1%以下。

（二）聚焦四大现实困惑，突出问题导向

常山县两山合作社主要聚焦当前生态资源资产管理和转化的四大困惑，开展业务开发和产品设计。一是低效闲置的困惑。大量"山水林田湖草地房矿"等生态资源闲置、抛荒或低效利用，不能实现价值转化，造成资源浪费。二是支农无奈的困惑。很多农业或生态资源经营主体前期投入大量资金，用于经营权、生产资料等获取，但大部分有偿取得的权项，得不到金融机构的认可，沉淀的资金无法盘活，生态资源的金融转化存在堵点。三是增收乏力的困惑。村集体或资源权属人，守着大量优质生态资源，不能盘活利用，也没有渠道对接资本开发运营，村集体或资源权属人很难从生态资源资产的转化利用中获取收益，"守着金饭碗讨饭吃"的现象比较普遍。四是招商开发的困惑。招商资本对接时，由于存在生态资源布局分散、农户坐地起价、基础配套设施薄弱等问题，造成政策处理难度大、周期长，影响部分项目顺利落地。为此，两山合作社围绕共同富裕建设的初心使命，坚定不移践行"绿水青山就是金山银山"理念，抢抓改革机遇，立足问题导向，明确目标定位，设计实现路径，积极探索"两山"转化通道与生态产品价值实现机制，从顶层设计，确保两山合作社有业务、有产品、有流程、有支撑，真正把生态资源归集整合、开发保护，畅通绿水青山与金山银山之间的转化通道。

（三）明确目标定位，拥有三大属性

常山县两山合作社在组建之初就明确其自身定位，拥有三大本质属性。一是金融属性。两山合作社积极破解生态信用金融机制，为难抵押、难交易、难变现的生态资源资产确权、评估、背书，力促金融机构创新金融产品，解决生态资源融资难题。如以承诺收购东方巨石阵景区观赏石的方式为石头经营户增信300万元，解决因疫情影响、景区提升等因素造成的资金短缺问题。二是市场属性。两山合作社在市场运营过程中，积极对接市场主体，对生态资源进行高质量开发，推动村集体和群众增收致富。如两山合作社打造"一份常礼"区域公用品牌，开发八大系列60余种产品，注册"柚见80＋"等常山胡柚鲜果品牌，配合果品精选、包装升级，进行广泛宣传推广，带动优质胡柚销价由10元/袋向10元/个"蜕变"。三是惠农属性。两山合作社作为国有企业，主动履行社会责任，赋能产业发展，推动乡村振兴、共同富裕。如在何家乡长风村、新昌乡泰安村资源收储和开发运营中，两山合作社与村集体签订参股分红协议，承诺前三年给予村集体每年35万元的固定分红作为资产入股收益，三年后视产业运营情况再确定村集体收益模式。

（四）站在三大角度思考，设计转化路径

一是站在生态转化为主通道的角度设计转化路径。通过集中统一收储，"碎片化"资源逐步形成规模，通过分类开发运营，"低效化"资源实现价值提升，从而达到资源变资产，资产变资本。二是站在集成改革为主抓手的角度设计转化路径。以破解"两山"转化中梗阻、

做大做强两山合作社等为导向，持续谋划两山合作社有关改革事项，如探索设立生态资源资产交易中心、开展生态资源经营权质押贷款试点、农村集体经营性用地入市试点等，进一步盘活经营权和使用权，引导各类主体以两山合作社为纽带联合抱团发展。三是站在共同富裕为主引擎的角度设计转化路径。通过利益共享机制，"薄弱化"主体实现增收，通过参股分红、导入业态、参与资源处置、提供就业岗位等多种形式，将获得的收益反哺给村集体，有效带动了村集体增收、美丽乡村建设和生态振兴建设。截至 2023 年 9 月，常山县全部并网 8.38 万千瓦，并与慈溪市建立"慈常飞地"项目，通过运作扶贫资金为村集体增收 1000 余万元。

（五）借鉴零存整取模式，建立生态云脑

借鉴商业银行零存整取的模式，通过建立生态云脑，用数字化理念实现资源高效管理，即分散式存入生态资源资产，集中式取出整合后的标准化资产包。生态云脑就是存入"绿水青山"取出"金山银山"的数字化工具，按照三张清单和"V"字模型拆解，旨在解决六个方面的问题：资源底数摸清难，闲置资源存储、交易难，生态资源估价难，生态资源贷款抵押难，产业项目找地难，村集体和村民增收难。生态云脑分别在"浙政钉"治理端和"浙里办"应用端上线，使生态资源一图感知、闲置资源一键登记、招商信息一触即达、项目选地一站查询。通过对数据的全量归集、自动抓取，测算资产价值和转化率，从而带动村集体和农民增收致富，助力共同富裕。

（六）立足六大功能定位，明确产品目录

围绕"三农"问题、聚焦乡村振兴，服务农村经济创新发展，把

拓展业务范围与高水平价值实现机制有机统一起来。在实现路径上，两山合作社以"农业产业投资银行、生态资源储蓄银行、有效资源招商银行、文化资源开发银行、有偿权项变现银行、生态安全保障银行"为功能定位，推出 17 类产品，促进生态产品价值转化。一是农业产业投资银行对应以"常山三宝"（胡柚、油茶、猴头菇）为主的新品种推广、行业公共服务、知名品牌培育投资、小微科创企业股权投资四类产品，促进县域特色农产品产量优化、品质提升和实现产销衔接，提升品牌价值，起到引领作用。二是生态资源储蓄银行对应闲置资源存储、低效开发资源存储、砂石和矿产资源收储三类产品，主要针对集中连片和闲置资源资产、虽有开发但开发低效的资源资产以及砂石和资产资源进行集中收储和处置，形成生态资源库。三是有效资源招商银行对应闲置资源招商、已开发资源二次提升二类招商，通过创意设计、包装策划、基础配套和整合提升，实现与资本的有效对接，挖掘资源资产的最大利用价值。四是文化资源开发银行对应古城、古镇、古村、古街开发，以及无形资产开发（常山胡柚地理标注品牌）和文化大 IP 开发（胡柚娃、鲜辣文化、宋诗之河等）三类产品，形成资源到产业、关注到消费转化的闭环系统，促进文化资源有效开发和农业资源文化赋能。五是有偿权项变现银行对应"生态贷""收益贷"两大类产品，通过两山合作社为相关主体增信，创新"林权贷、胡柚贷、奇石贷、苗木贷、民宿贷、养殖贷、财信贷、门票贷"等金融产品，有效解决农业经营主体融资难等问题。六是生态安全保障银行对应森林等生态资源保护、碳配额竞争性交易（碳汇定向交易）、遗留问题矿山保护性收储三类产品，通过等级收储植树造林、林相提升（森林管理）等产生的林业碳汇，以及企业关停、节能减排改造产生的碳排放（用煤）额度，开展碳资产管理、转化及运营。同时积极推广绿色低碳循环的生产生活方式，促进经济发展与生态保护良性循环。

（七）搭建"6＋X"组织架构，实行实体运行

常山两山合作社（常山县生态资源经营管理有限公司）作为常山农投集团一级子公司，财务独立，人员专配，实行实体化运营。两山合作社内设综合管理部、资产管理部、评估担保部（产权交易）、招商运营部、计划财务部、风险管控部六大职能部门，根据职责分别负责资产收储管理、招商对接、资产交易、投资管理、风险控制等工作。并且还根据需要设立若干乡镇或村级子公司，就近负责集中连片、规模较大资源资产的集中收储、开发提升和运营管理等工作，并搭建多方利益共享纽带。

（八）依托十大支撑体系，形成工作闭环

平台运行是一个涉及多部门、跨专业的系统工程，因此常山两山合作社根据目标定位和产品种类，整合相关机构力量，即十大支撑机构来保障工作链条完整，形成工作闭环，进而确保两山合作社真正发挥作用。十大支撑机构分别是指村级合作机构、评估机构、担保机构、公证机构、农村产权交易中心、金融机构、土地收储中心、专业招商组、产业运营中心、产业基金，用以解决两山银行运行过程中的不同难题。村级合作机构解决的是资产怎么来的问题；评估机构解决的是资产值多少的问题；担保机构解决的是由谁来背书的问题；公证机构解决的是由谁来证明的问题；生态资源交易中心解决的是由谁来登记的问题；金融机构解决的是钱从哪里贷的问题；土地收储中心解决的是资产如何整的问题；专业招商组解决的是由谁去招商的问题；产业运营中心解决的是由谁去运营的问题。产业基金解决的是由谁来反哺

的问题。这10大机构架起了两山合作社正常运转的四梁八柱，是两山合作社高效运行的基础。

（九）制定"10＋1"制度体系，全流程化管控

在两山合作社运行过程中，农投集团着眼产品应用的底层支撑，针对资源收储整合、金融创新、财政扶持、风险控制、数字赋能以及业务流程等关键事项，完善了"10＋1"制度体系。分别是生态资源规范化储蓄机制、生态资产标准化整合机制、生态产品多元化运营机制、生态金融个性化支撑机制、生态财政倾斜化扶持机制、生态富民持久化保障机制、生态指标可量化交易机制、生态资源数字化赋能机制、生态资源常态化修复机制、生态开发制度化监管机制、业务办理集成化流程机制。同时，两山合作社采用资源清查、确权评估（第三方评估、产业联盟自评）、流转归集（流转、整合）、标准配套、多元经营（自营、对外招商、产业联盟运营）、精准授信（银行、保险、债券、融资租赁、两山基金）、收益分红（分红、二次分红、生态币）、生态评估工作八步法来进行全流程管控。

二、推进共同富裕建设的金融政策成效

两山合作社通过化身"六大行"覆盖17类产品，并配套十个方面的工作支撑，在闲置资源集中收储、生态产品交易机制、生态产品品牌体系建设、推进生态资源分类开发等方面取得了明显成效。截至2022年12月，两山合作社已登记闲置资源29.9万亩，总价值53.19亿元，资源登记率增长70%；收储闲置资源2.4万亩，收储价值17.98

亿元；累计交易转化资源总量 1.05 亿元，转化率增长 65%；已为 1307 户主体授信 5.37 亿元，发放生态贷 5.35 亿元，撬动资金近 5 亿元，助力全县 176 个村集体增收 5844 万元。

（一）统一收储，化解资源"碎片化"痛点

在两山合作社成立之前，县内生态资源的价值转化，大多以单个主体、单块果园、单幢民房等"低小散"模式的转化为主，难以形成规模优势。两山合作社成立后，制定标准，对资源进行集中统一模式的收储（即农房原则上 5 栋以上且相对连片的可纳入存储；宅基地原则上 5000 平方米以上相对连片的可纳入存储；山塘水库须库容 5 万立方米以上的可纳入存储；经济林（胡柚林、油茶林等）原则上 100 亩以上可纳入存储）。资源进入两山合作社后，平台通过整合连片、配套升级，使其更具规模优势和可开发利用价值。

例如，新昌乡泰安村古村落保护开发。新昌乡泰安村古村落是浙江省第一批省级传统村落，两山合作社对其中 15 栋闲置民房资产入股，引进上海秦森公司，建设主题民宿群。随着泰安古村落的保护和开发，当地村集体收益及老百姓的生活质量也发生了巨大变化，如闲置房屋的租金，民宿带动的村民就业，蔬菜、家禽、水果、茶油等农副产品销售，村集体富了，老百姓腰包也鼓了。古建民宿优质项目的实施，将带动泰安村整体经济良性发展，形成旅游产业链，让旅游资源的价值最大化实现。前三年按每年 30 万元分红，三年后按效益分红，游客每年 3 万人次，带动 20 余户农户增收 30 余万元，村集体增收 10 万元。

又如，同弓乡全域土地整治。针对同弓乡生态资源丰富、分布零散的现状，两山合作社率先在同弓乡挂牌成立两山支行，结合全域土

地综合整治，对闲置土地集中收储，将"碎片化"资源进行整合提升，打造了龙绕溪观瀑平台和"一米菜园"等；整体规划全乡风貌，大力发展全域旅游，培育出同心村千亩荷塘月色、中和村湘野农庄、万亩彩色油菜花基地等新景点；与安吉余村未来乡村结对共建，为未来乡村发展注入外部活力。截至 2023 年 9 月，同弓乡通过土地流转等方式，为每个村带来一次性收入 1200 万元，创造就业岗位 400 余个，吸引游客 10 万余人次，带动村民增收 3000 余万元。

（二）特色运营，破解资源"低效化"难点

两山合作社着力破解生态产品价值实现中难交易、难抵押、难变现问题，构建生态资源资产的市场交易机制，搭建生态资源资产交易管理平台，以实现生态资源资产公平交易、溢价交易、标准化交易为核心，做大交易中心、做通碳汇交易，吸引社会资本投入，盘活生态资源资产，提升闲置低效资源价值。

例如，实体化运营交易中心。常山县生态资源资产（农村产权）交易中心是兼具管理和交易职能的机构，规范流转交易行为，并完善评估、金融等配套服务，为生态产品价值实现提供优质平台。交易的阳光公开，使低价的资源实现大幅溢价。截至 2023 年 9 月，交易中心完成资产挂网 143 处，成交 107 处，成交金额达 4501.82 万元，资产挂网竞价成交率达 74.83%，以水库和拆废类资产为例，通过公开竞价，最高溢价率达 430% 和 1186%。

又如，开展碳汇林收储、交易业务。为实现 2030 年碳达峰与 2060 年碳中和目标，常山两山合作社结合衢州市林业碳账户平台建设工作，与县林水局共建常山县林业碳汇（碳普惠）项目，在衢州市林业碳账户平台开立一级交易账户。2022 年，完成 12 份碳资产协议签订，共计

收储碳汇林 5549.2 亩，核算碳汇量 9133 吨。并在丽水生态产品交易平台完成碳汇量上架工作，上架价格为 100 元/吨，单价足足高出市场价 40 元。参与林业碳汇是践行"两山理念"的重要途径，符合两山合作社生态价值转化的要求。

（三）增信赋能，打通资源"沉淀化"堵点

长期以来，农业和生态经营主体通过依法有偿形式取得的承包权、种植权、养殖权、使用权等经营权，因生产经营资料难以确权登记，无法通过抵押等形式获得融资，造成资金沉淀，后续投资乏力。两山合作社立足这一痛点，联合金融中心、银行、担保机构、评估机构进行金融创新，搭建绿色金融服务新平台，以担保、承诺收购、优先处置等形式，为主体增信，打通农业和生态经营主体融资贷款的堵点。

例如，给水库经营权确权颁证。2021 年衢州鼎力合水产有限公司通过生态资源交易平台以 584 万元承包芙蓉水库 8 年经营权。该企业在水库经营期间，为实行以渔抑藻、以渔净水、好水养好鱼的"人放天养"模式的现实需求，投入资金需求量较大。两山合作社通过实地调查、评估摸底、市场分析，综合研判企业综合实力及具体生态项目的发展前景、预期收益，为企业颁发首张水库水面经营权证。以 8 年承包权进行抵质押，由县农商银行给予经营主体授信额度 300 万元，解决经营主体资金紧张问题。

又如，东方巨石阵融资。常山县东方巨石阵景区，经营主体投入3500 多万元，用 96 块景观石组成了东方巨石阵（八卦迷宫）。单一的东方巨石阵作为景点运营难以形成消费模式吸引游客，有后续投资开发的现实需求。通过两山合作社增信，东方巨石阵获得银行贷款 300万元用于景区后续项目开发建设，消除了观赏石经营户融资贷款的痛

点，探索出一条生态资产融资转化路径。截至 2022 年 12 月，已通过各种形式为 1307 户经营主体授信 5.37 亿元，发放生态贷 5.35 亿元，撬动资金近 5 亿元。

再如，缓解柚香谷公司融资困难。浙江柚香谷投资管理股份有限公司成立于 2015 年，是常山县域内胡柚深加工龙头企业。由于企业前期在产品研发和基地建设上投入了大量资金，在加工制造环节的设备投入上出现了资金短缺问题，制约了企业做大规模。两山合作社以 2500 万元收购柚香谷公司 4820 亩基地（含 30 万株香柚树），同时将收购的香柚基地返租给柚香谷公司经营管理，企业以支付租金的方式支付资金的使用方法，并承诺 3 年后回购基地。这 2500 万元资金进入以后，公司引进国际先进的数字化生产线，建成投产后的总产值可达 30 亿元。届时企业的产能将接近 45 亿元。

（四）平台赋能，弥补产业"低端化"弱点

以"常山三宝"为代表的农特产品一定程度上存在主体不强、链条不齐、层次不高等问题。两山合作社充分发挥农业产业投资银行的作用，引进龙头企业，进行农特产品深加工，打造知名鲜果品牌，带动农特产品价值提升。

例如，打造"一份常礼"区域公共品牌。针对常山胡柚种植标准不一、果品质量不高、品牌效应不强等堵点，一方面，两山合作社集中流转农户闲置土地、低效胡柚林地 2000 亩建设自营基地；另一方面，对全县胡柚基地、优质种植户进行品质筛选，与有意向的合作社、家庭农场、优质种植户组建胡柚统一的销售联盟。两山合作社打造"一份常礼"区域公共品牌，开发八大系列 60 余种产品，授权"柚见 80 ＋"、双柚汁等多款产品使用，实现胡柚由 10 元/袋向 10 元/个"蜕

变"，带动鲜果收购价格增长 70%。每亩增收 2000 元以上，让胡柚成为"共富路"上的"金果子"。

（五）利益共享，突出增收"薄弱化"重点

针对村级集体组织坐拥大量优势生态资源，却"守着金饭碗讨饭吃"的局面，两山合作社通过共享机制反哺村级集体经济组织，带动增收消薄。

例如，创新金源模式。针对金源村大量劳动力外出务工导致村内民房闲置的情况，两山合作社主动与金源村对接房屋空置情况，并将信息登记至生态云脑。为深入挖掘金源村历史文化底蕴，盘活闲置资产，两山合作社将金源村闲置资源包作为重点招商资源与多家文旅企业进行洽谈对接，其中腾云公司对金源村闲置资源盘活项目表现出浓厚的兴趣。两山合作社最终决定与腾云公司合作开发，两山合作社以收储的闲置民房经营权作价入股，腾云公司以民宿装修改造投资入股，政府配套资金用以改造提升基础设施。最后，由腾云公司导入流量并按照规划、设计、品牌、标准、管理、采购、营销、线路、调度"九个统一"进行运营。截至 2023 年 9 月，金源村吸引游客 21.2 万人次，带动 131 名村民就业，农产品销售额达 521 万元，实现村集体收入翻两番，村民创利 1000 余万元。

又如，构建新昌模式。针对新昌乡生态资源分散、产业薄弱的难题，两山合作社新昌支行运用数字化手段，打造数字专屏，集中收储"山水林田房矿旅"等分散、闲置、低效资源，根据资源类别，进行打包整合，提升开发潜力；联合浙能公司、10 个村集体三方共同出资300 万元，成立富好公司，创新"公司 + 农户 + 基地"模式，发展月季、茭白、丝瓜络等特色产业，做强乡村经济，带动农户增收。截至

2022 年 12 月，新昌支行已收储闲置资源 1395 亩，总价值 2.1 亿元，发放生态贷款 400 万元，带动全乡 2700 户居民，增收 562 万元。

三、推进共同富裕建设金融政策存在的问题

通过近年来的实践和探索，常山两山合作社助力生态产品价值实现虽然产生了较好的经济效益和社会效益，但在生态资源整合、流转、确权、交易、经营等方面还存在困难，是当前生态产品价值实现的最大制约。

（一）生态资源流转整合有待加强

因资源排查力度弱、生态宣传力度小、资源收储操作难等因素，导致生态资源流转整合效率偏低，价值转化和规模效益无法充分发挥。一是缺乏专项生态资源信息普查工作，对零散化资源和部分低效资源未进行摸底调查或筛选，同时也未建立成熟完善的生态资源数据统计和监测系统，生态资源基础数据信息缺乏准确性和完整性，使县域生态资源、人文资源、生态产品没有形成资源资产清单库，最终导致生态资源分散低效、地数不清，难以形成"一张图"的规模资源优势。其主要原因也是因为该项工作任务量大、涉及面广、政策性强、时间紧、任务重，需要强有力的资金、人员、政策的保障，但目前该项工作推进过程中，仍存在工作人员力量配置不足的问题。二是"两山"转化的效能宣传力度偏弱、宣传手段偏少、宣传范围偏窄，很多村集体及农民对生态资源及其衍生出来的生态产品缺乏经济价值认识，或是对土地确权政策不理解、不认同，导致根据现有政策无法有效满足

农户的利益诉求，最终导致土地流转整合无法成功。如当农民土地的承包面积和流转实测面积不一致时，部分农民为了争取自身利益（一般涉及失地保险），要求以原承包合同的土地面积为准，否则就不愿放弃土地等生态资源的所有权和使用权，这就会加大生态资源的流转难度，使其规模效益无法发挥、资源使用效率偏低。

（二）生态资源确权交易有待完善

生态资源价值实现机制不成熟，产权交易基础薄弱，极大影响了生态资源及其产品服务的可持续供给。当前，常山县域内较多的农业和生态经营主体的资源资产，如水库水面经营权、闲置民房经合法手续改造成民宿的经营权等，因难以确权登记，没有统一的市场估价。其主要原因，一是生态资源产权制度不完善。产权制度是产权交易的基础和前提，目前自然资源的使用权、所有权分属于不同管理部门，分管权力的交叉重叠使生态资源的责任和产权无法清晰界定，外加产权的改革制度跟不上市场的发展需要，导致很多自然资源因产权边界模糊，受益主体难以识别，影响了生态资源的市场交易与价值实现。如部分集体土地所有权在进行确权登记时，因为历史遗留问题，涉及土地批复不全、历史档案不完善等问题，导致无法进行确权登记。二是生态价值评估核算不规范。生态价值的计算评估是一个极其复杂的系统工程，一方面，因生态资源度量政策依据不足，整个生态资源交易评估缺乏可定量标准，使现行金融政策的相关工作难以落地实施；另一方面，因生态资源度量技术不成熟，在价值模型、价格体系、价值来源等方面未出台统一规范、可推广性的生态资源价值核算方法，使前端交易的生态资产出现争议较大、定价混乱等现象，生态资源的多维性价值或外溢性价值未充分体现，公允价格难以形成。三是基础确权登记信息不准确。土地确权要求村级组织承包户到现场确认承包地块位置、面积等，很多农户因外出务工未到场直接确权，由村里老会计等个别人员确定全村农户承包地位置和面积，导致承包地位置、面积错误较多。除此之外，部分村承包地权属信息确认表、承包合同等需由承包农户亲自审核确认签字，但是因为存在冒签、代签、手续缺失等问题，造成权证发到农户手中不被认可。

（三）生态资产运营开发有待提高

不少生态资源通过区域整合和行业分类，将其变为生态资产，在对接社会资本时往往因操作周期长、难度大，生态资产变为生态产业存在一定难度。一是生态修复保护成本过高。生态资源前期因保护意识不强，重开发、轻维护，对资源采取掠夺式、粗放式的开发利用，超过了生态环境的承载能力，所以后期进行污染治理，将其"复绿"时需要花费大量的时间和成本。据环境部门的资料显示，极度退化的生态系统修复需要200多年，严重退化的修复需要50~100年，中度退化的修复则需要10~20年，就算是轻度退化的生态系统的修复时间也需要3~10年。修复成本以矿山为例，据中国地质科学院矿产资源研究所保守估计，每座矿山的修复成本在1000万元左右。可见，生态修复成本代价过高，使招商项目无法正常开展。二是生态基础配套设施薄弱。以招商开发生态旅游为例，要想形成可盈利的闭环商业模式，需要一系列的基础配套设施，如交通道路、停车场所、供暖设施等基础设施；餐厅民宿、咖啡茶吧、纪念品店等服务设施；瞭望看台、观景步道、野餐烧烤等游憩设施；景点解说、服务中心、景区管理等辅助设施。而一般生态环境较原始或是较淳朴的小村镇，其基础设施往往较为落后，如要开发前期投资成本较大、回报周期较长、收益风险较高，使之不能充分调动投资方的积极性。三是招商市场内生动力不足。一方面，部分地方政府在"两山"转化中主要把生态修复作为第一责任目标，而对于如何进行"两山"的有效转化缺乏一定的主动性，招商引资的投入精力不足、探索办法不多，使其招商渠道匮乏；另一方面，招商复合型人才短缺，对已具有规模优势的生态资源因缺乏专业素养和谈判技能的招商人才，使其不能进行分类包装策划，无法有效对接社会资本，导致市场内生动力不足。

（四）"三农"共富信贷产品有待丰富

因生态资源资产价值较低、抵押贷款内生动力较弱、新型绿色金融产品较缺乏等原因，导致"三农"的信贷资金比较有限。一方面，金融机构发放贷款的意愿主要取决于还款能力，面对"评估难、管理难、担保难、处置难、风险高"的生态资源抵押贷款，金融机构往往存在畏贷心理。另一方面，金融业务人员更偏好于投入产出比较高的业务，而生态抵押贷款的评估手续较烦琐、贷款期限较短、贷款额度较低、交易成本较高，大大削弱了业务人员主动放贷的积极性，从而在很大程度上制约了其业务发展。另外，金融机构的合格抵押品需要具备资产价值稳定、容易变现、产权清晰等要素。而生态资源的资产价值因为受到自然灾害、病虫灾害等不确定因素的影响，抵押品本身就存在一定缺陷。并且在变现方面，因缺乏公平顺畅的流转交易平台及相关政策的配套管理机制，一旦出现坏账时不能快速处置变现，最终导致其资产价值偏低。以林权为例，因抵押标的物归属权模糊、采伐林木变现时易受到政策风险影响、林权平台流转交易又较为困难，所以据调查农户通过林权抵押获得的贷款额度仅为每亩 1300 元左右，贷款资金非常有限。

除此之外，两山合作社虽然创新"林权贷、胡柚贷、奇石贷、苗木贷、民宿贷、养殖贷、财信贷、门票贷"等金融产品，但是在污染防治、生态保护、绿色农业等应用场景方面的新型金融产品还需创新拓展。其他如绿色保险、绿色基金等金融产品在"三农"领域也较为零散，未形成系统体系，"金融+"与"生态+"有待深度融合。

（五）生态产业融合发展有待提升

一方面，农民市场信息化程度低。不少农民文化程度不高、生产信息不灵敏，对市场的需求变化难以把握，不知道该如何发展，在农业生产方面存在随意性、盲目性、趋同性的情况。此外，农民的生产意识也较落后，不少农民观念保守陈旧，小农经济、小富即安的思想根深蒂固，缺乏应用新产品、新技术和开拓市场、投资市场的能力，这也导致了农业生产规模小、链条短。目前大多农业生产以分散的农户家庭经营形式为主，组织化程度偏低，生产规模偏小，外加大部分的农业经营主体以生产初级农产品为主，产品加工也局限于粗加工，产业链条较短、产业化程度较低，传统产品较突出，优质产品、新型产品较匮乏，不适应当前市场多样化、精细化的需求。另一方面，农业的多种功能开发不足，休闲农业和旅游农业开发项目不多，深度融合不够，存在发展模式单一、项目同质性强的情况，缺乏特色化和差异化，这也导致了一二三产业融合发展速度较慢。

四、推进共同富裕建设的金融政策建议

两山合作社作为常山县的金融创新，为解决市场主体的"融资难，

融资贵"发挥了积极的作用，面对全面实施乡村振兴和山区县加快发展的新要求。常山县两山合作社必须与时俱进，加大资源整合的力度，把资源优势转化为发展优势，推动经济社会发展，加快山区县共同富裕建设。

（一）做大资源整合板块

对资源进行集中统一模式的收储，"碎片化"资源逐步形成规模，平台通过整合连片、配套升级，使其更具规模优势和可开发利用价值，将两山合作社打造成为国内最具规模的资源整合商。

1. 开展资源摸底调查

开展各乡镇、街道闲置资源资产的摸底排查工作，摸清生态资源资产的数量分布、质量等级、功能特点、权益归属、保护和开发利用等相关基础信息，以及农民对资源收储意愿的调查信息，编制生态资源目录清单。同时将零散资源在与村民村委达成协议后进行公示收储。如集体建设用地类资产资源等，由权属人或使用人先将资源资产集中至村级集体经济组织，生态资源金融服务中心再向村级集体经济组织进行集中收储；国有建设用地类个人资产或是非国有法人资产及无形资产，通过与权属人谈判协商后进行收储；对于河道疏浚产生的砂石和工程性矿产资源等，按照相关法规文件以及管理部门要求进行随时收储。

2. 宣传生态收储产品

通过新媒介做好生态资源收储产品的宣传工作，加强农民及村集体的生态经济价值意识。告知县域内的农户、企业、个体工商户、村集体可以将农房、宅基地、经济林、合作社、山塘水库、家庭农场以及抛荒土地、关停企业、学校学社、乡镇医院、国有厂房等闲置资源存入生态资源储蓄银行，经审核通过后这些资源的使用权、经营权、承包权等可以以租赁、流转、转让、入股等形式获得年度存储利息，在存储期内原则上原权属人需腾空且不能转租第三方，生态资源金融服务中心对存储资产资源有自主使用权。同时，还需将收储标准、登记条件、申请流程等告知农户和村集体，并将登记收储情况上传至生态资源云脑数据中心，通过可视化、数字化的方式展现县域内的生态资源，以便后续宣传、管理和招商工作。

（二）做强资源交易板块

以实物性资产和权益性资产为交易产品，搭建全流程数字化的生态资源交易中心。挂牌成立常山县生态资源资产交易中心实体化运营，实行流转交易、交易备案、竞拍等职权，通过交易中心对接市场，实现生态资源的价值增值和效益变现，把两山合作社打造成为国内最具实力的资产交易商。

1. 明确资源产权主体

建立调查监测机制，清晰界定自然资源资产产权主体，划清所有权和使用权边界，并根据自然资源资产使用权类型，合理界定出让、转让、出租、抵押、入股等权责归属。同时制定产权主体归属清单，解决归谁用、归谁管、归谁有等相关问题，形成权责清晰准确化、多元化、信息化的生态资源供给和使用主体。除此之外，还要做好确权登记信息工作，明确确权登记的技术、原则等相关事项，实行统一管理、实时共享，从而确保确权登记的合理性和科学性。

2. 建立生态反馈机制

开展县域生态保护提升、美丽乡村建设、农文旅产业扶持等"两山"转化的相关系列财政金融政策梳理和整合。从政策导向、市场供需关系、不同生态功能属性、生态产品数量及质量等多维度，制定生态价值核算指标体系、具体算法、数据来源和统计口径等，建立核算动态反馈机制，完善生态资源价值核算标准体系。并建立碳排放权等环境权益初始配额与生态价值挂钩机制，健全基于生态价值核算的自然资源分等定级、价格评估制度等。

3. 出台配套政策奖励

一方面，根据不动产权证抵（质）押贷款模式，突破创新流转经营权证抵押贷款新形式，为有序推进农用地、林地、山塘水库等生态资源资产流转经营权确权颁证、抵押贷款和激活经营主体沉淀资金提供新路径。另一方面，出台相关配套的激励政策，在前端土地、山塘水库、林地等生态资源资产流转环节给予村集体、企业等参与主体政策奖励，后端流转经营权确权颁证环节给予部门工作经费补助。

（三）做优资源转化板块

按项目进行分类包装、配套升级、精心策划、形成不同的招商文本，与社会资本进行有效对接，分类开发运营，将闲置低效的资源整合提升，或是将已开发资源进行二次提升招商，挖掘其最大的利用价值，把两山合作社打造为国内最具优势的资本对接商。

1. 引进招商开发人才

注重从协会、商会、名企名校、中介组织等社会力量中激活选才

"源头关"，组建招商人才队伍。针对有能力提供招商信息、引进项目资金的优异可塑人才建立具有吸引力的薪酬体系和晋升机制，使他们能够专心招商、用心招商。同时还应深化招商人才队伍的科学培养，加快人才队伍的成长和壮大，建立健全培训规划，通过开展集中培训的方式来加强招商技巧、战略产业、新兴产业等相关知识技能，切实解决招商人员的能力危机和知识危机。

2. 精准对接招商资本

建立政府引导、企业和社会各界参与、市场化运营的生态资源资产招商开发管理平台，推动生态项目供需精准对接。通过引进金融资本投资、联盟运营等多种方式，构建股权清晰、利益共享、投资多元、风险共担的生态项目招商运营体系，打造农户、村集体、政府、企业等多方共同参与的生态价值实现新模式，推动生态惠民富民。同时，整合营销体系和品牌推介平台，组织开展线上云交易、云招商，推进资源方与投资方、生态项目供给方与需求方的高效精准对接。规范招商平台管理，发挥电子商务平台资源、渠道等优势，丰富优质生态项目的交易渠道和方式。

3. 结合文化开发运营

整理和挖掘县域内有转化潜力的特色文化资源，形成布局合理、特色鲜明、功能完善、业态多元、管理规范的开发项目。然后按照"新、奇、独、特、美"的特征强化文化资源故事内容，运用传统媒体、新媒体、社团活动以及电影、电视剧进行传播营销，提升大众吸引力，形成具有关注度的文化 IP。并将超级 IP 与产业进行融合，衍生出各种消费场景和消费产品，把前期推广营销的各种渠道引流来的关注行为转化为消费行为，如通过"专家创意＋大众互动""故事驱动＋技术推动""场域建设＋社群运营""平台借力＋生态体系"等形式，为消费转化打造富有创意、强竞争力的商业模式。

（四）做好"三农"资金板块

积极探索开展农村集体经营性用地入市交易、农村产权交易经营权证抵质押贷款等，进一步盘活经营权和使用权，从而打通资源转化为资产，资产转化为资本、资金的便捷路径，把两山合作社打造为国内最便捷的资金供给商。

1. 建立绿色考核机制

结合生态系统生产总值（gross ecosystem product，GEP）相关考核指标，建立绿色激励考核机制，优化资源配置。从贷款定价、信贷周期、授信金额、产品创新、审批权限、内部转移资金定价（funds transferring pricing，FTP）等方面加大绿色倾斜力度，如绿色债券在 FTP 方面给予优惠 10 个基点，适当下放绿色项目贷款审批权限，开辟绿色信贷快速审批通道等。并把绿色项目的支持力度与业务人员的绩效考核挂钩，根据环境敏感型、适中型、友好型，实行客户项目分类管理，重点支持生态治理、清洁能源、生态产业等绿色领域，进而提高绿色金融服务的精准性。同时，完善绿色金融的风险补偿机制，对涉农贷款设立风险补偿金，由此提高绿色金融放款的积极性。

2. 丰富绿色金融产品

不断丰富与"三农"相关的绿色金融产品。围绕农村特色产业、新型农业经营主体等，推进农村金融产品和服务模式创新。在绿色信贷方面，根据农户及生态资源的实际需求，创新生态创业贷、生态富民贷、生态开发贷等一系列"两山"贷款产品。在绿色保险方面，开发更多地方特色化品种保险，如创新农业承保理赔模式、保险查勘定损等，提高理赔准确性和定损效率，优化完善"保险＋期货"模式，加强农业产业链保险保障。另外，绿色期权、生态产品资产证券化等路径模式也值得探索。

3. 开展风险共担模式

一方面，为防范多重风险，县中小企业融资担保有限公司与省农担可以按1：1比例出资成立风险补偿资金池，20倍放大担保合作业务上限规模，为农业主体提供低息贷款。另一方面，将参与共建责任共担机制作为金融机构开展两山合作社项目的必要条件，发生代偿风险时，由合作银行、风险池资金、省农担、中小企业担保有限公司按照20：30：25：25的比例承担损失。这种风险分担机制的构建，不仅可以为"三农"主体的增量信贷起到极为有效的积极作用，而且还可以极大增强担保机构拓展业务的信心。

4. 设立"两山"转化基金

以社会资本为主，财政补贴为辅，采用阶段参股、跟进投资及直接股权投资等方式，遵循高质量绿色发展的战略方向，重点支持"两山"转化生态产业集群发展，加快推进产业和资本融合，通过市场化、资本化运作，设立"两山"基金。一方面，支持生态保护修复、整治提升等工程建设，加大"金山银山"反哺"绿水青山"的力度，拓宽生态补偿的资金渠道；另一方面，支持生态产品价值实现、重点生态产业培育等项目的开发运营，为前期资金投入较大、后期运营经费不足的优质生态产业提供一定的资金支持，打造多元化绿色共富模式。

（五）提升资源转化模式

依托省农担平台，加大创新"公司＋农户＋基地"模式，提升资产运营和商业运营水平，实现与市场主体共赢。同时，支持创新全域旅游业发展，打造新民宿运营模式，持续精准助力县域现代农业高质量发展。把两山合作社打造为国内最具意识的"市场服务商"。

1. 壮大特色农企产业

一方面，围绕"粮食、水果、水产、畜牧、蔬菜、林业"六大主导产业和农业基础设施建设，以农民增收、农业增效为核心，根据市场空间、盈利空间、政策倾斜、定位清晰来对特色农企进行排查、筛选、甄别，把有发展前景、有产品优势、渠道优势、技术优势，成长后能带动整个产业发展，但又缺乏资金的成长型农企以股权形式直接投资，优化企业的融资结构，促进现代农业转型升级；另一方面，依托独特的自然资源禀赋，采取因地制宜的发展模式，如采用共生、放养等原生态种养模式，培育壮大家庭农场。

2. 打造农业产品品牌

以"绿色、健康、放心"为主题，以品牌建设为核心，全力打造地域特色鲜明的农业产品品牌，提升生态产品溢价。如优化农业生产布局、推进农业标准化生产、建设质量安全追溯体系来提升农产品品质，实现生态产品信息可查询、质量可追溯、责任可追查，进而发展高产、优质、高效、生态、安全的农业产业。同时强化农业品牌原产地保护，加强地理、有机、绿色的标志认证与管理。通过申请注册农产品商标自主品牌，利用品牌培育资金进行宣传推广，形成品牌知名度和认可度，待品牌成熟后与专业大户、家庭农场、农民合作社、农业龙头企业等实现品牌共享共建，从而带动村集体和农户增收，形成利益共享机制。

3. 融合发展第二、第三产业

围绕"补链强链",针对农业产业中链条缺失的环节和服务,通过自投或引进投资商的合作方式来配备技术人员和投资厂房设备,把技术、资金、土地、人员等重要要素进行整合,为农业企业冷藏保鲜、检验检测提供最优服务,同时配套分拣包装、物流和销售三大体系,实现自动化高效优质的产业生态圈,促进第一、第二产业融合发展。并依托优美自然风光、历史文化遗存,高水平建设旅游度假区和文旅产业园,把休闲农业、农产品电商、乡村旅游作为农业一二三产业的联结点,按照"产业融合化、园区景区化、乡村旅游化"思路,打造集农产品销售、生态旅游观光、研学农事体验等一体化的精品农旅融合新业态,然后通过股权分红等形式来增加村集体和农民的收入,释放生态红利。

8 Chapter

第八章
常山县共同富裕建设的
财政体制机制构建

　　高质量发展建设共同富裕示范区，是党中央国务院赋予浙江的重大历史使命和光荣政治任务。《国务院关于支持浙江高质量发展建设共同富裕示范区的意见》明确指出，要坚持以人民为中心的发展思想，以改革创新为根本动力，以解决地区差距、城乡差距、收入差距问题为主攻方向，更加注重向农村、基层、相对欠发达地区倾斜，向困难群众倾斜，着力在完善收入分配制度、统筹城乡区域发展、发展社会主义先进文化、促进人与自然和谐共生、创新社会治理等方面先行示范，构建推动共同富裕的体制机制。财政是国家治理的基础和重要支柱，在共同富裕示范区建设中，无论是缩小贫富差距，还是推动经济高质量发展，财政都有着其他部门、其他政策不可替代的地位和作用，这是财政的职能所决定的，也是财政部门彰显职能作用、展现担当作为的重大机遇。常山作为山区县，面对共同富裕建设的要求和高质量发展建设共同富裕示范区的机遇，常山财政必须牢牢把握共同富裕建设的主旋律，加快财政体制机制构建，为高质量发展建设共同富裕示范区提供财力支持和政策保障。

一、共同富裕建设的财政体制机制建设实践

常山县是个山区县，属于浙江省加快发展县，也是财政困难县。2022 年一般公共预算收入 1616.61 亿元，增长 10.7%；一般公共预算支出 679353 万元，增长 10.4%。其中，民生支出 466702 万元，增长 11.7%，占一般公共预算支出的 68.7%。常山县财政收支矛盾突出，对省级财政转移支付、土地出让金收入依赖较大。在财力困难的情况下，常山县财政通过增收节支，利用好财政的政策功能，积极发挥财政资金"四两拨千斤"的作用，引导社会资本，坚定不移地推动高质量发展共同富裕建设。

（一）财政收支结构分析

财政收支既县级财政实力的体现，也是县级财政结构的反映，是地方财政推进共同富裕建设的基础和重要保障。常山县财政尽管基础比较薄弱，财政依然比较困难，但财政结构合理，发展的潜力大，对共同富裕建设的保障有力。

1. 地方财政收入增长稳定

财政收入是实现共同富裕的重要基础，是政府开支的主要来源，

保障了政府的正常运作和公共服务的提供。常山县财政的规模不大，但财政收入的增长稳定，如表 8 - 1 所示，2018 年全县一般公共预算收入首次突破 10 亿元大关，达到 10.978 亿元。2020 年以来，受疫情的影响，常山县的经济发展遇到很大的困难，但常山县财政始终以大局为重，始终坚持以人民为中心，财政依然保持一定的增长，2020 年一般预算收入为 12.191 亿元，2022 年财政总收入达到 73.0460 亿元，一般公共预算收入达到 16.6087 亿元。

表 8 - 1　　　　　　2017～2022 年常山县财政收入情况　　　　　单位：亿元

项目	2017 年	2018 年	2019 年	2020 年	2021 年	2022 年
财政总收入	33.235	40.164	48.790	60.094	68.156	73.0460
一般公共预算本级收入	9.878	10.978	11.785	12.191	15.001	16.6087
税收收入	6.465	8.698	9.046	10.600	13.273	13.8478
国内增值税	2.717	3.957	4.840	4.489	5.345	5.2312
企业所得税	0.638	1.125	1.324	1.885	2.615	2.7832
个人所得税	0.229	0.303	0.221	0.263	0.342	0.3635
资源税	0.101	0.140	0.166	0.136	0.220	0.6023
城市维护建设税	0.342	0.570	0.538	0.547	0.595	0.6038
房产税	0.280	0.397	0.095	0.342	0.376	0.5049
印花税	0.133	0.138	0.139	0.157	0.242	0.2392
城镇土地使用税	0.355	0.366	0.075	0.414	0.286	0.4076
土地增值税	0.555	0.598	0.345	0.802	1.162	1.2511
车船税	0.082	0.094	0.086	0.090	0.106	0.1351
耕地占用税	0.340	0.252	0.458	0.001	0.080	0.3504
契税	0.632	0.724	0.710	1.431	1.877	1.3421
环保税	—	0.032	0.043	0.041	0.029	0.0334
非税收入	3.413	2.280	2.739	1.591	1.728	2.7609
专项收入	0.696	0.995	0.744	0.578	0.797	0.7369
行政事业性收费收入	0.257	0.156	0.453	0.218	0.251	0.1975
罚没收入	0.512	0.329	0.749	0.465	0.231	0.8309
国有资源（资产）有偿使用收入	1.861	0.439	0.751	0.247	0.370	0.8851

续表

项目	2017 年	2018 年	2019 年	2020 年	2021 年	2022 年
其他非税收入	0.087	0.360	0.043	0.084	0.079	—
转移支付收入	23.357	29.186	37.005	47.904	50.301	56.4373
国有土地使用权出让金收入	5.955	—	—	15.000	30.000	16.0000

资料来源：历年《常山统计年鉴》，2017~2022 年常山县财政预算与决算报告。

　　从收入形式来看，上级政府对常山发展的扶持力度较大，转移支付收入占整体财政收入的一半以上，国有土地使用权出让金收入也于2020 年超过一般公共预算收入。土地出让金收入和转移支付收入占比较高意味着财政收入的不确定性较大，而一般公共预算本级收入在三者中占比较低，说明常山县的财源建设还有巨大的发展空间与潜力。

　　如图 8-1 所示，2017~2020 年常山县财政总收入占地区生产总值比重增长态势强劲，2020~2022 年保持平稳。2017~2022 年常山县地区生产总值和财政总收入稳步增长，年均增长率分别为9.54%和17.05%。其中，2020 年受疫情影响，地区生产总值和财政总收入增长率有所下降，在2021 年达到峰值，彰显了常山县在复工复产行动中的卓越表现。

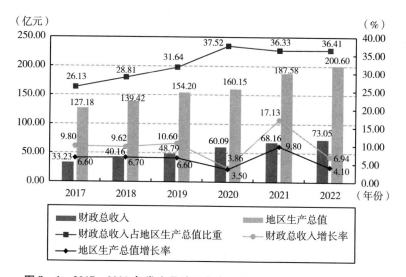

图 8-1　2017~2022 年常山县地区生产总值与财政总收入的增长比较

如图 8 - 2 所示，2017～2020 年，常山县转移支付收入占财政总收入的比重稳步增长，一般公共预算收入占比则持续下降，2020～2022年前者小幅波动，后者小幅增长。各类税种中，国内增值税和企业所得税在财政总收入中占比最高，且基本保持稳定。

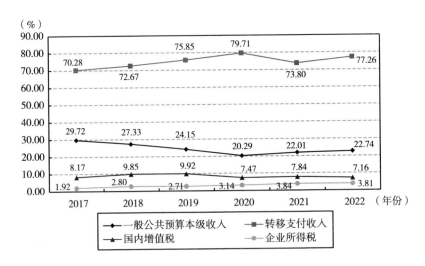

图 8 - 2 2017～2022 年常山县主要收入与财政总收入比值情况

如图 8 - 3 所示，2017～2022 年，常山县税收收入占比由 65.45%上升至 83.38%，企业所得税占比稳步增长，国内增值税和个人所得税占比分别稳定在 40% 和 2% 左右，非税收收入占比呈下降趋势。这说明常山县政府致力于服务本地企业，有效落实产业政策，努力做大税基、优化财政收入结构，完善财源体系。

2. 地方财政支出基本得到保障

财政支出是实现共同富裕的有力保障。近年来，常山县政府不断优化财政支出结构，一般公共预算支出与民生支出稳步增长，一般公共服务、公共安全支出保持稳定，有效地发挥了财政"四两拨千斤"的作用，拉动社会投资，促进消费，统筹兼顾惠民生（见表 8 - 2）。

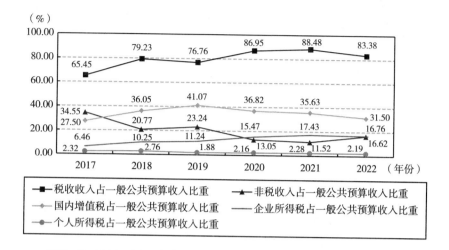

图 8 - 3　2017～2022 年常山县主要收入与一般公共预算收入比值情况

表 8 - 2　2017～2022 年常山县一般公共预算支出及主要支出情况　单位：亿元

项目	2017 年	2018 年	2019 年	2020 年	2021 年	2022 年
一般公共预算本级支出	37.759	47.052	55.654	54.784	61.553	67.935
一、一般公共服务	4.143	5.009	6.152	5.724	5.268	6.424
二、公共安全	1.989	2.228	2.588	2.793	2.539	2.369
三、民生支出	30.160	34.634	41.757	43.992	51.540	57.569
其中：教育	4.894	6.119	6.931	6.683	6.925	6.980
科学技术	1.274	1.240	1.575	1.088	1.278	1.625
文化旅游体育与传媒	0.811	0.871	0.987	1.217	1.224	1.276
社会保障和就业	5.302	6.631	7.611	9.099	7.669	8.635
卫生健康	4.661	5.165	5.456	6.244	6.176	7.047
节能环保	0.726	1.129	1.467	1.238	1.953	2.022
城乡社区	3.080	3.388	7.558	1.971	3.419	1.623
农林水	7.426	7.863	6.935	7.393	7.809	7.894

资料来源：历年《常山统计年鉴》，2017～2022 年常山县财政预算与决算报告。

如表 8 - 2 所示，教育支出只增不减，完成全县学校迁建扩容和改造提升，实现乡镇幼儿园全覆盖、每乡有小学、大镇有初中，实施城乡学校挂牌、合作，推动乡村教育向城市看齐，弥补城乡教育差距；

持续提升教师队伍收入水平，不断提高教育教学质量奖金，推出中高考奖励资金，助力打赢教育翻身仗；完善城乡义务教育经费保障机制，重点支持与学军中学、育才集团等开展教学研合作，共享优质教育资源，同时保障职业教育高质量发展。

文化旅游体育与传媒支出保持稳定，助力精神富裕。积极构建现代文化体育服务体系，保障自行车、皮划艇等体育赛事举办，千年古县迸发出新活力；投入3932万元打造西源红色景区，筑牢精神阵地；建好用好农村文化礼堂和南孔书屋，彰显文化情怀。

卫生健康支出持续发力，完成公共卫生服务中心和中医院搬迁改造、医疗共同体和乡镇卫生院建设提升工程，"家门口看病"成为更多百姓的选择，医疗共同体建设经验列入全省典型。

城乡社区支出、农林水支出倾力推助乡村振兴、生态保护。安排扶贫资金，大力支持脱贫攻坚，深化"消薄"攻坚行动，加大产业扶贫"造血"力度，促进村集体经济壮大和低收入群体增收；安排环境污染治理资金，与衢州和开化签订钱塘江流域上下游横向生态补偿协议，支持打好污染防治攻坚战，持续推进蓝天、碧水、净土、清废行动；新建改建全县农村公厕，完善污水治理，完成农村饮用水达标工程，财政补贴助力农村高端民宿，打造美丽乡村；安排基层组织建设资金、农村高质量发展资金，落实提升农民素质工程、粮食生产扶持、生猪产业高质量发展扶持、乡村产业融合绿色发展等政策，增强村级组织自身"造血"功能，支持创新乡村治理。

3. 地方政府债务保持合理的水平

地方政府债务是财政收入的重要来源，按照《中华人民共和国预算法》（以下简称"新《预算法》"）的要求，积极利用地方政府债务是加快地方经济社会发展的重要举措，也是地方积极财政政策的需要。

地方积极主动利用好地方政府债务的政策工具，不仅有利于推动地方经济的发展，是推动经济发展的重要抓手，也是实现共同富裕的重要举措。常山县财政精准测算举债空间，深入挖掘专项债项目，同时稳步落实化债计划，实现风险可控，用债计划稳步推进，实现了防风险和积极用债的有机结合。

债务率如表 8-3 所示，2017～2022 年，常山县地方政府债务限额从 29.207 亿元稳步增长至 107.520 亿元。全县年末地方政府债务余额严格控制在债务限额以内，并与地方政府债务限额增幅保持一致。其中，一般债务余额增长较为稳定，受疫情影响 2020 年专项债务余额增幅较大，占全县年末地方政府债务余额比重由 2019 年的 29% 上升至2020 年的 42%。

表 8-3　　　　　2017～2022 年常山县政府债务情况　　　　单位：亿元

项目	2017 年	2018 年	2019 年	2020 年	2021 年	2022 年
地方政府债务限额	29.207	37.200	46.190	62.690	72.890	107.520
省政府代发地方政府债券	—	8.000	9.000	17.300	10.200	35.800
一般债券	—	7.000	5.000	4.200	9.000	6.400
专项债券	—	1.000	4.000	13.000	1.200	29.400
全县年末地方政府债务余额	29.196	37.185	46.180	62.595	72.790	107.510
一般债务余额	20.696	27.685	32.680	36.175	45.170	51.090
专项债务余额	8.500	9.500	13.500	26.420	27.620	56.420

资料来源：历年《常山统计年鉴》，2017～2022 年常山县财政预算与决算报告。

地方政府债券的发行有利于稳定宏观经济短期波动，释放经济长期增长动力，支撑基础设施投资建设，拉动当期需求，对冲经济下行压力。除去疫情冲击较大的 2020 年，省政府代发地方政府债券变化幅度不大，维持在 10 亿元左右。其中，一般债券主要用于 320 国道、危房改造、污水管网、美丽乡村建设、美丽通道等项目。专项债券是带动扩大有效投资、稳定宏观经济的重要手段，近年来主要用于城市危旧住宅区治理棚改、农村饮用水供水保障能力提升、粮食应急保障中心、文旅一体化、工业园区与农村特色产业园区建设等项目，充分发挥了专项债强基础、补短板、惠民生、扩投资等作用。

（二）财政体制机制构建特征分析

财政体制机制构建的核心是用好财政资金，提高财政管理水平，重点是通过优化支出结构、强化财政管理，提高资金的使用效益，发挥财政资金和政策的功能，推动高质量发展建设共同富裕。

1. 加强财政管理，提高财政资金使用效益

财政管理主要是指对财政收支进行计划、调节、监督、控制等一系列活动的总称，是贯彻实施国家财政政策以及财政规章制度，有效组织财政收支、合理调节资金的重要手段。常山县财政锐意改革，强化财政管理，从预算管理调整、资产管理机制、数字化平台建设、财政国资一体化等方面入手，提升资金使用绩效，扩大数字应用领域，推进整体智治，积极构建集中财力办大事体制机制，增强财政防风险能力，以健康有活力的财政体制支撑共同富裕示范区建设。

一是深入推进预算管理，强化财政管理的制度化和规范化。细化预算编制，注重统筹整合；强化预算执行管理，硬化预算约束，把控支出进度。规章制度上，出台县级部门预算调整管理办法，理顺和规范县乡财政分配关系，完善乡镇（街道）财政管理体制，增强预算刚性；出台政府投资项目契约化管理制度，实现项目封闭式运行；完善立项资金来源审批制度，加强政府采购管理，严把政府投资项目概算、预算、结算三道关。行政经费支出上，从严从紧压减一般性支出，出台机关工作人员差旅费管理新规，完成事业单位和国有企业公车改革，

构建"三公"经费长效管理机制，纵深推动以公务餐、公物仓、公务拼车为代表的"三公"改革实践。

二是树立财政国资一体化思想，加快分类推进国企整合重组。加强顶层设计，完善现代企业制度，厘清政企权责边界；卸下历史包袱，梳理剥离国有企业三角债，清理盘活低效闲散资产；提升运营能级，有序承接政府项目，鼓励参与市场竞争。将战略引领与深化改革、要素创新相结合，全力服务国资改革，做大国有企业"资产池"，为国有企业注入各类资金、资产，快速壮大国有企业体量，有力推动国投公司、城投集团发债增信。协助企业拓展融资渠道，城投集团、国投公司均获"AA"评级，实现在资本市场上的重大突破。完善国有资产管理，整合盘活国有房地产，建立经营性和非经营性两个资产池，激活沉淀资源效益。

三是优化国有资产配置，盘活资产存量。针对公共资源闲置浪费问题，打破单位和部门利益界限，建立"公物仓"制度，形成行政事业单位国有资产共享共用和资产调剂机制，促进国有资产合理配置，国资管理迈出实质性步伐。深化财政资金竞争性存放管理，指导预算单位开展公款竞争性存放，2018～2021年累计增收2691万元。建立"廉政灶"制度，解除城乡间就餐障碍。

四是完善财政数字化建设，不断提高管财理财水平。全面承接省财政厅数字化改革重大应用，响应财政数字化改革要求，加快推进一体化建设，实现预算一体化模块建设全覆盖，完成财政数字化管理从"碎片化"到"一体化"转变。推进"浙里缴费"统一公共支付平台建设，深化"最多跑一次"改革；完成国库集中支付电子化改革，实现预算单位全覆盖；启用"政采云"公款竞争性存放网上招标平台，增加财政存量资金收益，推动公款竞存透明化；"资产云"系统顺利上线，政府资产管理再升级；构建政府投资项目评审管理系统，提高评审质量及效率，实现评审过程公开化、信息化、透明化，推动评审管理数字化。

2. 助力乡村振兴，构建乡镇共富体制

乡村振兴是共同富裕的必经之路，按照全面实施乡村振兴的要求，常山县财政深入贯彻落实财政推动共同富裕示范区建设工作举措，千方百计筹措资金，加大对乡村振兴、共同富裕财政资金的保障力度，全力砌牢共同富裕坚实底座，为建设山区 26 县共同富裕先行县、省际合作先行示范县提供财力保障和政策支持。

一是加大对美丽乡村建设的支持。坚持以人为本，打造有引领、可复制、会造血的美丽乡村，全面擦亮"乡村容颜"、留住"最美风景"。全面推进农村生活污水建管"五位一体"，创新"财政＋国资"运营模式，全域实施农村饮用水达标提标行动，实现农村自来水普及率100％。在垃圾分类、农村路灯、厕所改造、庭院整治"四大革命"上发力，实现公厕行政村覆盖率100％，农村无害化卫生户厕普及率100％，垃圾分类覆盖率90.5％。大力实施农村公路提升改造工程，全县等级公路建制村覆盖率100％；按照"政府主导、国有改造、整合资源、公益受惠"的原则，对原有城乡公交运营模式进行改革和车辆更新，建成智慧公交等配套设施。深入开展诗画风光带建设行动，强化沿线风貌整治、农业景观提升、特色产业培育推动农村变景区，"风景"变"钱景"。组团打造一批精品村、未来村，起到串珠成链的效果，辅之香柚产业园、金色同弓田园综合体、"农光未蓝"一期等农旅项目，形成美丽乡村建设的集中展示窗口、展示产业融合发展的典范。

二是助力集约化经营。加快推进农业集约化经营，推动集体增收农民致富，以村集体解决内部矛盾、村集体与企业签订合约的形式实施土地大流转政策，推动产业大提升，全力支持乡村振兴战略。

（1）强化顶层设计，提高流转工作前瞻性，通过制定产业布局规划图、项目招商路线图、土地流转任务书，破解产业发展遇到的引资难和供地难问题。（2）强化政策扶持，提高各类主体积极性。实行土地流转储备金制度，用于土地流入主体商业银行贷款的贴息、适度补偿农户在土地流转中意外导致的经济利益缺失；实行规模化土地流转奖励政策，对流转土地面积 100 亩以上，且流转期限 6 年以上的流入主体，依据流转面积给予一次性奖励；实行大项目土地流转工作经费补助，对一次性流转土地面积 100 亩以上的大项目，给予相关单位工作经费补助。（3）强化平台建设，提高土地流转便利性，创新土地交易平台。依托县乡村三级行政服务网功能，完善线上线下一体化的土地流转交易平台。（4）强化业务指导，提高流转全程规范性，保障农户受益长期性与交易程序合法性。

三是积极支持强村富民建设。以强村富民为根本，以"两柚一茶"企业为主体构建"经营主体 + 两山合作社 + '村集体 + 农户'"的紧密联结机制，形成土地入股、劳动关系、产品购销、利益分配等新型利益互惠共同体，整合系统资源、优化要素配置，打好科技、数字、金融、品牌组合拳，规模化流转油茶林，建设"共富果园"。实行"1 + N"政策包制度，以经营主体需求为导向，设立通用券、科技券、培训券、就业券、金融券、采购券、低碳券给予政策支持。设立等级考评奖、金融贴息奖、要素配置奖，对获评"共富银果园""共富金果园"的经营主体给予贷款贴息、保费补助、优先用地以及分别 100 万元、200 万元的奖励；设立社会贡献奖、亩均投资奖，依据共富支出费用、亩均新增投资，给予不超过 50 万元、100 万元的一次性绩效激励。

3. 坚持"绿水青山就是金山银山"的理念，加强生态保护和生态治理

生态富裕是共同富裕的重要环节，近年来，常山县财政借助"政策激励、国企引领、财金协同"等优势，坚定不移地践行"绿水青山就是金山银山"理念，积极探索"两山"转化通道与生态价值实现机制，加快推动"资源—资产—资本"转化进程。

一是政策发力，优化资源配置，筑牢发展基本盘。打造完善生态价值实现机制是一项系统性、综合性工程，为更大力度推进工作，财政部门进一步强化财政政策与区域政策、土地政策、金融政策等政策间配合，形成同向发力的叠加效应。（1）资金全周期"奖补"，对收储的资产分级分类进行奖补，对企业进行贴息奖补，按生态转化实效再给予额外补贴。（2）资本全领域撬动，更好发挥出财政资金"四两拨千斤"的效果，对合作金融机构按年化月均贷款余额进行奖补，有序引导金融资本和社会资本进农村。（3）产业全链条培育，为加快构建现代农业产业体系，县财政借助两山合作社生态资源价值转换平台，从土地流转开发、零散果（茶）园集中流转经营、一二三产业融合，以及产业链延链、补链等方面助推"两柚一茶"全链条产业资源转化。

二是放大政府产业基金及金融资本杠杆作用，扩大有效投资。县产业投资引导基金联合县国熙股权投资有限公司、县农村投资集团按照1∶2∶2比例出资成立两山合作社基金，按照市场化方式运作，鼓励和引导社会资本、金融资本投向"两山"金融相关项目，托起山区"共富梦"。为理顺运作体系，强化"两山"基金管理，财政部门先后出台各类产业基金管理制度4个，并印发《常山县"两山银行"投资引导基金管理办法（试行）》，建立起财政指导下的基金运作管理制度体系，通过规范政府产业基金管理制度，夯实投资运作机制，加强投资风险把控能力，将政府产业基金的政策引导作用和专业公司市场化管理能力相结合，形成合力，进一步提高产业基金运作规范程度和运作效率。

两山合作社根据生态资源所在区位、资源特色、开发强度，分类进行包装策划，形成招商文本并精准对接社会资金，提升闲置低效资源价值。资源进入后，平台通过整合连片、配套升级，使其更具规模优势和可开发利用价值。如两山合作社对辉埠镇后社片区污染矿地进行收储，对污染地块进行修复，矿山遗址公园也成功蝶变成为远近闻名的网红打卡地。针对农业和生态经营主体通过依法有偿形式取得的承包权、种植权、养殖权、使用权等经营权，因生产经营资料难以确权登记，无法通过抵押等形式获得融资的情况，出台政策性担保工具，及时调整和创新财政资金的使用方式，通过协助政府搭建起合理的政银担分险机制，将政府信用转化为资本信用，从而促进有限的政府资源在不同领域进行合理分配，以弥补"市场失灵"带来的矛盾。

三是构建生态补偿机制，为生态发展创造条件。常山县政府深入贯彻"两山"理念，与衢州市和开化县签订钱塘江流域上下游横向生态补偿协议，共同设立钱塘江流域上下游横向生态补偿资金，作为县（市）代表参加全省流域横向生态补偿签约，全省首推县域出境水质乡镇考核办法，治理辖内流域，实施山水林田湖草生态修复，打好环境保护攻坚战。同时完善财政政策评价体系，强化项目全过程绩效管理，对绿色转化、山水林田湖草等相关政策和项目开展绩效评价，促进资金规范有效使用。

4. 高度重视隐性债务的化解，确保财政的安全运行

新《预算法》实施以来，地方政府债务实施规范化管理改革，地方政府的债务得到有效控制，债务管理逐步规范化，但违规担保、假PPP（public-private partnership）、产业基金、政府购买服务等大量出现，地方政府隐性债务凸显，加剧了地方财政风险。为彻底化解隐性债务风险，《中共中央国务院关于防范化解地方政府隐性债务风险的意见》和《中共中央办公厅 国务院办公厅关于印发〈政府隐性债务问

责办法〉的通知》印发。《国务院关于进一步深化预算管理制度改革的意见》指出，把防范化解地方政府隐性债务风险作为重要的政治纪律和政治规矩，坚决遏制隐性债务增量，妥善处置和化解隐性债务存量。当前，在推进国家治理体系和治理能力现代化的背景下，厘清地方债务风险特征、防范化解地方债务风险既有利于贯彻"稳增长"与"防风险"的双底线思维，更是经济高质量发展的重要保障。

常山县高度重视隐性债问题的解决，制定了健全日常管理和应急处置机制，圆满完成了化债计划，化解了地方隐性债务风险。

一是规范地方政府债务管理。统筹挖掘一般公共预算收入、政府性基金预算收入等可能的偿债来源，防范化解政府性债务风险，合理把握举债空间，严控新增平台债务，着力降低融资成本。加快融资平台市场化转型，防范隐性债务风险，拓展偿债资金来源；加强债务风险源头管控，硬化预算约束，健全全口径债务监测系统管理制度，严格建设项目事前审核，坚决遏制新增隐性债务。落实专项债使用"两个负面清单"，规范支出使用；建立健全基层财政管理体系，切实履行监管职责，规范预算约束和收支管理，防范乡镇财政资金管理风险。

二是政府债务管理信息化。依托财政部债务监测平台、地方政府债务管理系统、专项债项目信息系统等，动态监测全县预算单位、国有企业债务数据，披露专项债项目信息，为政府决策提供支持。

二、共同富裕建设的财政体制机制建设面临的挑战

共同富裕建设是财政的职责所在，而财政困难尤其是基层财政困难是普遍现象。常山作为山区县，财政收支的规模小，对省级财政的

依赖程度高，面对共同富裕建设对财政的要求，常山财政面临不少挑战，这是财政必须要正视的。唯有如此，常山财政才能在共同富裕建设中发挥更大更多的作用，推动常山县的共同富裕建设，为高质量发展建设共同富裕示范区提供更多的财力保障和政策支持。

（一）财源基础薄弱

财政收入是实现共同富裕的重要保障，要想充分发挥公共财政收入分配、资源配置、维护经济发展和稳定等职能，推动区域经济协调发展，缩小收入差距，推进共同富裕建设，财政收入的保驾护航必不可少。良好的财源建设是共同富裕的坚实基础，要保障各项支出的稳定增长，就要深入挖掘财政增收潜力，营造良好的营商环境，优化产业结构，推动经济发展，培养地方主要税源，建立起财源建设的长效机制。常山县积极实施减税降费政策，保障道路交通、产业园等基础设施建设，不断搭建数字化政府服务平台，强化人才培育和引进力度，努力创造良好的营商环境，设立两山合作社基金等产业基金，引导社会资本有效投资，持续加强招商引资，涵养可持续发展的优质税源，财源建设工作取得实效，但财源基础薄弱是客观事实，财源建设任重而道远。

一是工业基础薄弱，税基不稳。从产业规模来看，常山县的高端产业并不多，且都是高端装备零部件相关企业。常山县虽然持续加码招商引资，实施"凤凰行动""腾笼换鸟"等计划，但引入的优质企业并不多，产业政策也难以吸引到上市公司的总部企业，只能引进上市公司的部分产业。同时，依托生态优势，发展的主要产业"两柚一茶"均为农产品加工业，但"两柚一茶"受到产量、产地、技术的限制，推广到全国还需解决不少挑战，同时还面临着附加值、利税率低的问题。截至 2022 年末，全县共有规模以上工业企业 140 家，其中，营业收入亿元以上的企业 42 家（其中 20 亿元以上 1 家、10 亿元以上 1 家、5 亿元以上 3 家），大中型企业 14 家。2022 年全部工业增加值 643629 万元，比上年增长 12.5%，其中规模以上工业增加值 487628 万元，增长 12.1%。

二是财力缺口多，对转移支付、土地财政的依赖过大。2022 年一般公共预算收入、国有土地出让金收入、转移支付收入分别约为 16.61 亿元、16 亿元、56.41 亿元，相比于薄弱的一般公共预算收入，土地出让和转移支付收入占比较高。转移支付和土地出让收入的不确定性较大，前者往往由上级政府决定，后者由土地市场决定，如 2020 ~ 2022 年国有土地出让金收入分别约为 15 亿元、30 亿元、16 亿元。同时，作为山区县，受农业用地保护等政策限制，可出让的土地有限，常山县还面临着优质的可出让土地不足的问题，依靠土地出让金发展只能是权宜之计。

（二）公共服务压力大

公共服务普及普惠是共同富裕的基本维度与判断标准之一。作为公共服务普及普惠的表现形态，基本公共服务均等化是共同富裕的内在要求和应有之义。要做好基本公共服务均等化，就要提高基本公共服务的供给质量、加强基本公共服务的统筹协调、强化基本公共服务的可及性与获取能力。公共服务支出占常山县财政支出的较大比重，在"需要"和"可能"上依然捉襟见肘，保障公共服务支出，推进公共服务均等化，财政面临不小的压力。

一是社会保障压力大。一方面，常山县农村家庭总收入 5 万至 10 万元（含）的占 10%，家庭总收入 10 万至 15 万元（含）的占 13.3%；

社区家庭总收入 5 万至 10 万元（含）的占 30.8%，家庭总收入 10 万至 15 万元（含）的占 20.7%。城乡家庭收入水平处于全市下游水平，低收入群体、困难户基数大。另一方面，城乡居民社保待遇不断提高，对财政的压力较大。同时，随着人口红利逐渐消退，退休人员比例持续增长，失地转保人员也不断增加，社保存在不断增长的趋势，直接影响财政运行的稳定和安全。

二是教育支出压力大。常山县紧扣"高效率推进、高质量落实"总要求，以促进教育优质、公平、均衡为主题，将义务教育和学前教育经费全部纳入县财政保障范围。教育经费的不断增长、教育经费标准的不断提高，对财政经费保障的要求高，对财政压力可想而知。与此同时，常山县全力推进教育布局调整，做到每乡一小学，大镇有初中，但受出生率走低影响，存在入学率不足、教师超编、新建教学设施有效利用率不足的问题。

三是基础设施建设资金缺口大。作为山区县，常山县的基础设施建设和公共服务的历史欠账较多。为了弥补公共服务建设的历史欠账，常山县加大了公共服务的建设，从农村文化礼堂到芳村未来乡村，从危房改造到未来社区，从医院搬迁到医共体建设，从农村公路到 320 国道，从矿山公园到产业园区，常山县大力推动基础设施建设，助力经济发展，打造生态宜居常山，全力服务共同富裕。虽然常山基础设施建设良好，但整体资金使用量较大。2022 年常山基础设施建设资金约安排 40 亿至 50 亿元，占整体财政收入的一半，存在较大的缺口。

（三）政府产业基金使用效益低

共同富裕来自高质量发展，实体经济是经济发展的根基，是推进共同富裕建设重要的着力点。而政府投资基金已逐渐发展成为撬动各类社会资本的有效方式、发挥财政政策导向的重要途径、产业结构优化升级的有力工具、政府招商引资的创新手段，是财政"四两拨千斤"助力实体经济的"千斤顶"。为放大政府产业基金及金融资本杠杆作用，常山县政府产业投资引导基金联合县国熙股权投资有限公司、县农村投资集团成立两山合作社基金，按照市场化方式运作，鼓励和引导社会资本、金融资本投向"两山"金融相关项目，建立起"经营主体＋两山合作社＋'村集体＋农户'"紧密联结机制。截至 2022 年 6 月底，财金企联动背景下的县中小企业担保有限公司携手两山合作社，已累计为县域 215 家"三农"主体提供了 38935 万元增量贷款担保，带动新增就业岗位 190 个，新增利税 2975 万元。但总体来看，常山县内能满足产业基金项目要求的优质企业并不多，产业基金使用效率低。

一是政府产业基金投资难。受资源禀赋、区位及经济发展水平影响，常山县的企业有以下特征：（1）规模上来看，以中小企业为主，自身抗风险能力不足，能申报产业基金的额度有限；（2）多属于农产品加工业等传统行业，产品附加值不高，所能申报的项目回报率不高；（3）企业制度不完善，存在财务不规范等方面的问题，能通过尽调的本土企业较少。以上特征使得常山县内符合产业基金申报条件的企业不足，政府产业基金的投资收益难。

二是政府产业基金使用效益不高。虽然常山县政府全力支持招商引资，但只吸引到了上市公司的产业，并未引入其总部企业，这导致适合产业基金的优质项目不多。针对产业基金项目少、部分投入难以退出，导致产业基金使用效率低下的问题，常山县政府将产业基金投入联合基金和共富果园，并借助财通证券这类专业化金融机构管理基金，努力提高基金使用效率，但这又面临项目周期长、产业基金回收难的困境。

三是政府产业基金作用发挥不大。在当前地方财政困难的大背景下，各地为推动经济发展、增加财政收入，努力提高本地的资本回报率，导致整体产业政策繁杂，这使得产业基金无法充分发挥财政政策导向、撬动社会资本的功能。各地政府在产业政策上的竞争使得产业基金的使用门槛降低，原本需要企业努力创新改革、做大做强才能拿到的产业基金支持被轻松地获取，产业基金的引导激励效益降低。

（四）预算绩效管理难

实行科学有效的预算绩效管理，可以提升预算管理水平、增强项目单位资金支出责任、优化公共资源配置、节约公共支出成本，促进财政资金的合理配置和提高公共产品的服务质量。常山县财政按照全面预算绩效管理的要求，持续不断完善现代预算制度，推进预算绩效管理改革，严格执行预决算公开规定，推动预决算公开规范化、常态化、制度化。从主体上来看，指导行政事业单位和乡镇街道开展预算绩效自评，全面实施预算绩效管理，建立健全评价结果应用机制，将评价结果作为下年度预算安排的重要依据。从内容上来看，盘活闲置资源，完善财政政策评价体系，强化项目全过程绩效管理，对绿色转化、山水林田湖草等相关政策和项目开展绩效评价，促进资金规范有效。从技术上来看，推进预算绩效管理数字化建设，构建政府投资项目评审管理系统，提升评审效率。总体上，常山县预算绩效管理体系在不断完善，但在实施细节上仍存在部分问题，影响了预算绩效管理的推进。

一是预算绩效管理理念尚未牢固树立。随着常山县财政持续推进预算绩效管理改革，预算绩效管理能力有了显著提升，但部分部门"重支出、轻管理，重预算、轻绩效"的思想没有得到根本扭转，在实际工作中对预算绩效管理工作重视不足，积极性有待提高。

二是预算绩效评估指标体系不完善。设置科学合理的绩效评估指标体系，既可以为绩效评估提供依据，又能借以纠正以往评估指标片面强调总量和速度等数量目标与短期目标的问题。一方面，常山县政府设立的评估指标分类不完善，部分指标较片面，各大类指标细分不足，无法准确清晰地界定政府职能。绩效评估指标体系不完善会导致工作难以量化，部门进行绩效评估时难以充分地采用定量数据进行衡量，使得评估结果带有过多的主观性。另一方面，项目全过程绩效管理制度尚未完善，事前评估指标体系有待改进，目前评估结果应用主要属于事后应用，实施评价存在滞后性。

三是预算绩效管理工作基础薄弱。一方面，部门预算绩效管理联动不足，整体绩效指标挂钩方式有待完善。预算绩效管理需要充分的内外部协调工作，只有在责、权、利相匹配的预算绩效管理机制下，才能编制出科学合理的预算。目前常山县预算绩效管理体制尚不完善，职能部门间存在着临时性的团队合作式预算绩效管理工作，无法充分协调横向、纵向的相关部门开展工作。另一方面，职能部门的整体素质决定着预算绩效工作的推进质量。在"精简中央国家机关人员编制"的大方针下，职能部门人手在不断精简，导致基层公务人员人均工作量日益增多，部门往往会出现人手不足的情况，庞大的工作量使人身心俱疲的同时，也在影响预算绩效管理工作的质量。

三、共同富裕建设的财政体制机制构建的对策建议

共同富裕是个长期的过程，并非一蹴而就，尤其是山区县，共同富裕建设的任务重，难度也大。常山县必须按照高质量发展建设共同富裕示范区的要求，立足山区实际，以推动高质量发展为主线，紧紧

围绕"打造四省边际中心城市"战略目标，聚焦打造"浙西第一门户"。同时要推动积极的财政政策提升效能，更加注重精准、可持续，进一步发挥财政在资源配置、财力保障和宏观调控方面的基础作用，为共同富裕示范区建设、争创社会主义现代化先行县提供坚实的财政保障。

（一）加强财源建设，夯实共同富裕建设的财力基础

财源是财政收入的来源，是开展财政工作的坚实基础，也是建设高质量共同富裕的必要支撑。常山县在坚实推进共同富裕建设的过程中，必须完善财源建设政策体系，培植结构合理、持续长效的财源，优化资源要素配置，提升经济增长质量，为共同富裕建设提供坚实的财力保障。

1. 从税源结构做好财源建设

税收收入是财源建设的决定性要素，要做好财源建设就必须抓好税源建设这个"牛鼻子"，稳定好财政收入的基本盘。税源建设可以从做大地方共享税蛋糕和培养地方主要税源入手。

一是做大共享税。从税收种类来看，税收可分为中央税、中央和地方共享税、地方税，地方财政收入主要来自共享税，共享税的基础扎实，地方财政就有保障，而增值税、企业所得税和个人所得税是共享税三大主要税种。常山县以中小企业为主，缺乏高科技、高附加值的产业，高端技术人才和高学历人才也严重不足，产业的附加值低也会导致当地居民的收入水平不高，消费能力欠缺。三大税种在收入口径上有所区别，但在增收的思路上是一致的，常山县需要努力引入、培育优质企业与高端产业，提高企业所得税。同时加大高技术人才和

高学历人才的引进力度，更好地服务本地企业，带动居民收入和个人所得税收入的增加，提高本地消费能力，进一步推动本地市场发展，增加增值税收入。

二是加强主要税源的培养。从税源成分来看，税源可分为骨干税源、基础税源和新兴税源，细化税源的分类能够加深对税收收入的研究剖析，便于政府有针对性地服务企业，做好税源建设。一方面要坚持依法征收，依托基础税源，巩固现有税收。可搭建税源管理网格单元，建立重点纳税人服务清册，发放"依法纳税服务名片"，实现"重点税源一对一服务、一般税源网格化服务"。另一方面要重点扶持一批带动力强、成长性好、发展潜力大的企业延伸产业链和价值链，支持企业做强做大总部经济，依托优质科技骨干型企业挖掘和放大产业优势。同时要努力拓展新兴税源。充分发挥产业基金、财政补贴的作用，撬动社会资本，扶持新兴企业，拓展税基。常山县可将税源分为骨干税源、基础税源和新兴税源，按类别制定有针对性服务政策，构建税源培育体制机制，培养地方主要税种，稳步拓宽地方税源。

2. 从产业结构做好财源建设

经济决定财政，财政反作用于经济，财源来源于经济发展。推动经济发展要因地制宜，充分挖掘地方区位和资源禀赋优势。从区位上看，常山县位于浙、赣两省的交界地带，相邻县市经济发展水平有限，产业吸引能力不足；从资源禀赋上看，常山县位于金衢盆地之西，水系丰富，生态优美，适合农产品培植，以"两柚一茶"为主要产业。常山县要立足于区位特色和产业优势，做好产业融合的文章，把产业做大做强，推进财源建设。

一是优化产业结构。从产业结构上来看，常山县应充分利用闲置土地资源，加大基础设施、产业园区的建设力度，夯实第二产业。应加快"国际慢城"的打造，配合美丽乡村、诗画风光带、田园综合体建设，推动农旅、文旅融合发展，大力发展第三产业。以优美的生态环境、高质量的文旅体验吸引游客，推动消费市场的繁荣，带动周边经济的发展。

二是提高产业的竞争力。从行业结构上看，应加大科研创新投入力度，做好对中小微企业的引导和支持，抓住数字经济的红利，摆脱地理空间上的限制，大力发展数字、信息经济。同时，要充分挖掘"两柚一茶"的市场潜力，牢牢抓紧对骨干企业的引进和帮扶，完善产业链的构建，推动传统产业的转型升级。

3. 从财税政策体系做好财源建设

财源建设离不开政策支持，财税政策是财源建设的有力保障和重要抓手。财税政策体系的核心是创造公平的竞争环境，为财源建设创造条件，推动经济的高质量发展。

一是树立"引资"与"引税"并重的理念。在招商引资的同时，要充分考虑引进企业的财政贡献，对拟引入项目的投资规模及强度、边际生产率、资本回报率进行评估，紧密衔接对于引进企业的政策扶持，以此为基础引进财政收入贡献大的产业和项目。把"亩产税收"作为招商引资或产业发展的重要条件，使有效的资源产生更大的效益。

二是构建公平竞争的营商环境。要加大市场监督力度和反不正当竞争执法力度，构建市场主体行为负面清单，预防滥用行政权力排除、限制竞争的行为，营造公平竞争的市场环境。

三是完善公共服务平台，创造良好的投资环境。要依托"浙里办"公共服务平台，精简审批流程，提高政府服务质量和效率，努力从"最多跑一次"做到"一次不用跑"。

（二）深化财政体制改革，增强财政推动共同富裕建设的能力

财政体制决定了地方的可用财力，也就决定了政府职能的大小，对地方经济社会发展起着举足轻重的作用。常山县作为山区县，财政的实力主要依赖于经济的发展和财力的增强，但也离不开省财政的转移支付。按照共同富裕发展的要求，必须把区域均衡发展作为体制改革的重要依据，以更好推动山区县、生态县的共同富裕建设。

1. 深化财政体制改革

省以下财政体制包括省与县的财政体制和县与乡镇的财政体制，这都是共同富裕建设的重要方面，也是共同富裕建设的重要保障，常山县必须抓住省以下财政体制改革的机遇，主动适应省与县的财政体制改革，并积极推动县与乡镇的财政体制改革，为共同富裕建设提供财力保障和政策支持。

一是省以下的财政体制改革。按照深化省以下财政体制改革的要求，浙江省省以下财政体制改革应在强化省级财政调控功能的同时，加大对常山等山区县财政转移支付的力度。财力困难是山区县面临的共同问题，是高质量发展建设共同富裕的难点。省财政要按照激励与约束相结合的要求，加大对常山等山区县的转移支付，确保基本公共服务财政投入和公共服务资源配置优先向山区县倾斜，以调动山区县高质量发展建设共同富裕的积极性，使山区县的共同富裕建设和全省保持同步。

二是县与乡镇的财政体制改革。共同富裕的基础在基层、在农村，乡镇承担着共同富裕建设的重任，常山县在与乡镇的财政体制改革中必须考虑乡镇在共同富裕建设中的重任，给予相应的财力保障。乡镇

财政不同于县财政，更不同于省财政，财力弱是共性，解决财力问题的能力弱更是共性。因此，在县与乡镇的财政体制改革中，对乡镇财政运行必须给予保障，对重大的建设任务不要给乡镇财政留下资金缺口。土地财政也要考虑乡镇的需要，给予一定的支持。财政要适当向生态乡镇、农业乡镇倾斜，以维护乡镇之间的均衡发展。

2. 统筹政府综合财力

地方政府的财力除了一般预算收入外，还有大量来自土地财政和债务的收入，一般预算收入主要是保运转，属于"吃饭财政"的问题，经济发展主要来自土地财政和地方政府的债务收入，这也是常山作为山区县财力困难的重要原因。因此，统筹政府综合财力，是推动区域均衡发展的重要手段。

一是适度统筹非税收入。政府的财力，通过财政转移支付制度，实现地区间的财力均衡，但地区之间依然存在加大的财力差异，这种差异主要体现在非税收入方面。新《预算法》把政府所有财力都纳入预算管理，政府的财力除了一般预算收入外，还有大量的非税收入，主要是土地出让金收入，这是土地财政的基础，也是地区财力差异的重要方面。对土地财政的收入，省财政要积极参与统筹，可集中一定的比例，用于均衡地区财力，加大对常山等山区县的支持，以提高山区县的财力，推动区域的均衡发展和山区县共同富裕建设。

二是提高政府的负债能力。债务和税收一样是财政收入的来源，但债务又不同于税收，需要还本付息。新《预算法》"开前门，堵后门"，明确地方政府可以负债，因此，常山县财政必须积极用好债务政策，为经济社会发展和共同富裕建设服务。一方面要用好债务的政策，提高政府的负债能力。常山县要拓宽债务的使用范围，积极提高专项债规模，为常山县的跨越式发展提供财力保障。在债务使用上，国家要明确在同等条件下，地方政府的债务额度要向山区县倾斜，为山区县的债务使用创造条件。另一方面要合理控制债务规模，因为地方债务过少或过多，对当地的社会经济发展都会造成阻碍或负担。要基于偿债能力水平去合理管控债务额度，确保地方政府债务使用管理的可持续性。

（三）提升公共服务质量，增强共同富裕建设的财政保障水平

提供公共服务，保障民生需求，是公共财政的基本职能，也是共同富裕建设的需要。公共服务提供是共同富裕建设的重要组成部分，公共服务质量决定着共同富裕的质量。受财源基础薄弱影响，常山县在基础设施建设、社会保障、科教支出等方面压力较大，政府财政应充分发掘体制机制潜力，加大对公共服务的保障力度，精准用好每一份财政资金，推动公共服务水平的提高和质量的提升。

1. 加强社会保障体系建设

社会保障体系建设的核心是维护弱势群体和困难群众的利益，达到提低扩中的效果，使社会分配实现公平和公正，以推动共同富裕的实现。

一是提高低收入群体收入。常山县的低收入群体主要集中在乡村，社保政策可与乡村振兴战略联动。一方面可以通过美丽乡村、田园综合体的建设，以农旅项目带动村民收入的提高；另一方面大力推动"两柚一茶"产业园建设，增加农村居民工作岗位，保障农产品销售。同时，政府可以通过购买创造技术要求不高的劳动岗位，鼓励低收入者参与劳动，为困难家庭的就业提供帮助，使低收入群体的利益得到

保护。

二是加强社会救助体系建设。通过构建帮扶保障网，常态化开展对低收入对象的探访关爱服务工作，对困难残疾人的医疗、生活、助学、住房等方面进行额外补贴。同时探索社会救助新模式，通过统筹社会组织、社会志愿者、慈善资源等社会救助力量，以县、乡、村三级助联体为阵地，以政府购买服务为纽带，吸引社会组织深度参与社会救助服务。

三是完善就业政策。深化就业政策与其他领域政策的联动。要充分利用好援企稳岗政策，通过纾解企业困难做到稳定就业、扩大就业。要加大对稳就业成效明显、面临阶段性困难企业的扶持力度。政府可设立职业培训基地，提升低收入群体的职业技能，做好牵线搭桥工作，促进培训与就业的无缝衔接。同时，要进一步挖掘并且鼓励常山县域内成立各类大学生创业园、创业优秀服务站、返乡创业示范基地等创业孵化基地，积极带动常山返乡青年就业创业。

2. 增加科教的投入

科教是经济社会发展的基础，不仅关乎现在，更关乎未来，是地方经济发展和人才保障的有力支撑。常山作为山区县，科教发展难度大、成本更高，财政要高度重视科教的发展，增加对科教的投入，培养和吸引更多的人才，为经济社会发展打下坚实的基础。

一是统筹好教育资源。首先，要综合考量出生率、人员流动等数据，研判未来生源结构，科学规划教育支出布局。在"两个只增不减"的约束下，入学率的降低必将导致生均可用教育经费增加，多出部分的教育经费应重点关注不发达县乡，保障偏远地区的教育资源，努力缩小城乡教育差距。其次，应优化教育支出结构，平衡好教育经费在各级教育中的分配。最后，要建立高端人才培养体系，让留在常山的人才有有效提升途径，充分发挥人力资本的效用，提高本地人才吸引能力。

二是加大科技的投入。科技创新是经济发展的主要动力来源，构建高质量的新发展格局离不开创新驱动，科技支出带来的成果在未来而不在当下。针对本地科研企业、高端人才少导致科技支出不足的问题，常山县可以适当降低科技支出使用门槛，加大对企业创新的支持力度。增强对人才的补贴力度，吸引外来人才留在常山，同时强化职业培训支持，更好地服务于常山企业，解决用工难的问题。

3. 加强农村的公共服务体系建设

公共服务体系建设是共同富裕的要求，是推进共同富裕建设的有力抓手，而农村又是公共服务体系建设的短板。常山县要积极落实全面实施乡村振兴战略的发展要求，抓住加快山区县发展的机遇，以农村公共服务体系建设为抓手，推进农村公共服务体系建设。

一是健全农村公共服务体系建设。公共服务体系建设不完善或公共服务供给不足是农村的普遍现象，这既是农村发展的痛点，也是未来农村发展的潜力所在。常山县要主动加强农村的公共服务体系建设，加大对农村公共服务体系建设的投入，把农村文化、农村卫生、农村养老等机构和设施建立起来，让农村能够和城市一样，享受基本的公共服务，以改善农村的生活环境和发展条件，

二是均衡城乡公共服务体系的配置。随着乡村振兴战略的实施，农村的发展和农村的公共服务改善是明显的，但农村缺少优质的公共服务是普遍现象，这是导致农村发展滞后，城乡差异大的主要原因。常山县均衡城乡公共服务体系作为推进乡村振兴和共同富裕建设的突破口，按照城乡一体化发展的要求，把优质的公共服务向农村延伸，以缩小城乡差异，推动农村经济社会发展。

（四）提升产业基金使用效率，夯实共同富裕建设的财政基础

政府产业基金有明确的产业导向，能够起到引领、撬动社会资本的作用，应充分发挥政策导向功能，合理优化产业结构，推动经济高质量发展。2021 年，《浙江省财政厅关于进一步加强政府产业基金投资运作管理的指导意见》指出，县级政府应立足于自身实际，视情况选择设立重点支持领域的特色产业基金。常山县应聚焦省市县重大战略部署，积极发挥政府产业基金带动社会资本的作用，构建适度集中的产业基金布局，重点扶持关键性、创新性的产业领域，减少对有效投资的挤出效应。还应完善基金内部治理结构，提高运作效率，减少资金闲置沉淀。

1. 明确产业基金的功能定位

政府产业基金是财政支持经济发展的方式，产业基金最大的特点是有明确的产业导向，推动经济结构的调整和产业的转型升级。且产业基金可以投资、参股、入股的方式参与经济发展，以引导更多的社会资本参与经济发展，从而发挥产业基金的撬动功能。

一是明确政府产业基金的职责。要充分发挥市场对资源配置的决定性作用，厘清政府和市场的边界，要明确政府的职能是引导市场资源合理有效的配置。与之相对应，产业基金的作用是引导产业发展，促进产业转型升级，合理提高产业集聚程度，充分发挥规模效应。同时，产业基金是政府引导市场的重要手段，产业基金的设立需要充分兼顾政府目标和市场需求，充分发挥财政政策的引领作用，以优质的产业基金服务推动产业政策和金融资本的有机融合。

二是规范产业基金的用途。要时刻牢记产业基金的定位，不能混淆产业基金的用途。产业基金的融资能力有限，行使的是财政职能，不能作为产业发展、平台公司的主要融资渠道。同时，政府要严格遵守债务管理规定，不得以债券资金设立或注资产业基金等形式，通过产业基金变相举债，以规避财政风险。

三是规范政府产业基金的运行。要充分发挥行业主管部门政策优势和投资机构专业优势，坚持实行产业基金市场化运作。一方面要结合产业政策目标，撬动社会资本，形成多元化出资结构；另一方面要加强与社会投资机构、金融机构的合作，组成投资联盟，减少政府对市场的直接干预，创新投资模式。

2. 强化产业基金管理

良好的管理制度是产业基金有效运行的保障。常山县要严格遵照基金投资运作相关规定，明确股权投资参与各方责权利关系，构建覆盖"募投管退"的全流程管理体系，努力防范财政资金投资运作风险。

一是依规设立产业基金。财政部门应联合行业主管部门，充分研究拟支持发展的产业所需，明确基金设立形式、运作机制、财政出资比例、让利措施等，明确设立产业基金的目标。同时要完善产业基金相关办法制度，强化其产业属性，优化产业基金与实体经济、产业结构的内在关联。要防止产业基金以地方平台、国有企业等股权为标的，形成金融集团或政府另类融资工具，导致产业基金脱实向虚。

二是强化风险管理控制。一方面，对设立的产业基金开展全过程绩效管理工作。在产业基金设立前，制定相应的绩效管理目标和指标，做好事前绩效评估，及时应用评估结果；在产业基金设立后，开展绩效自评和绩效监控工作，实时跟进产业基金项目，建立"评估—运用—整改—评估"的良性循环，绩效评估结果也可作为基金存续、计提管理费以及退出、让利的重要依据。另一方面，建立风险管控机制。政府可通过第三方机构或管理部门建立健全产业基金风险评估及预防体系，完善风险管理和内控制度，推动产业基金规范、健康运行。

三是建立产业基金退出机制。要充分运用市场机制，在项目成立时明确产业基金的退出机制和让利方式，实现产业基金合理退出。要严格退出程序，科学评估资产价值，切实保障各类出资人取得合法权益。

（五）推动财政预算绩效管理提质增效，增强共同富裕建设的财政效果

预算绩效管理决定着财政资金使用的质量。预算绩效管理的目标是要构建全过程、全方位、全覆盖的预算绩效管理体系，把财政的资金用好，提高财政资金的使用效益。常山作为山区县，财政困难是长期的趋势，加强预算绩效管理不仅必要而且必须，必须按照全面预算绩效管理的要求，高度重视预算绩效管理，把财政资金用好，实现少花钱多办事、办成事。

1. 加强预算绩效管理的制度建设

预算绩效管理作为财政预算管理的创新，理论和实践都在不断推进，而要把创新性的实践发展成为预算管理的日常，制度建设是基础，要不断完善制度和工作规程，以深化预算绩效管理改革。

一是加强预算绩效管理的制度建设。预算绩效管理制度涉及预算绩效管理的全过程，从绩效目标、绩效审核、绩效追踪、绩效评价、绩效评价结果运用等方面，以及绩效和预算的关系、预算绩效的信息化建设等方面，是完善的预算绩效管理的制度体系。常山县应结合预

算绩效管理改革的推进，以及上级财政预算绩效管理的要求，逐步完善预算绩效管理制度。

二是构建预算绩效管理的工作规程。预算绩效管理能否更好推进，能否成为部门和单位的自觉行动，离不开工作规程的制定。与预算绩效管理制度相适应的是要建立工作规程，让部门和单位能够熟悉和掌握预算绩效管理做法，从而确保预算绩效管理工作的推进，使常山县的预算绩效管理改革不断深化并取得实效。

三是推进绩效管理法制化建设。在推进国家治理体系和治理能力现代化的背景下，政府的绩效管理应公开透明，保障公民的知情权和监督权。常山县在完善预算绩效管理制度和办法的基础上，要加强预算绩效管理的法治化建设，把预算绩效管理的基本做法上升到法治的层面，推动预算绩效管理规范化、常态化和刚性化。

2. 构建预算绩效评估指标体系

预算绩效评估指标是预算绩效管理的基础，也是推进预算绩效管理的依据。预算绩效评估指标可从政府职能与项目效益两个角度出发进行构建。

一是政府职能的指标体系构建。从政府的职责和功能出发，设置合理的预算绩效评估指标体系，清晰地界定政府职能，消除片面的短期指标带来的负面影响。由"五位一体"总体布局和"四个全面"战略布局，一级指标可分为经济、政治、文化、社会、生态文明及政府自身建设等。下辖二级指标应立足于本地实际进行设立。此外，还可根据实际需要设立三级指标。

二是项目效益的指标构建。从项目效益出发，构建分行业、分领域、分层次的立体预算绩效评估指标体系。依据不同行业、不同领域的特征，所有指标分三级设置，其中，一级、二级指标与财政部绩效指标框架相衔接，分产出、效益、满意度三大类和数量、质量、时效等九小类，三级指标根据资金具体用途设置，包含指标名称、指标解释、参考指标值、绩效标准、指标属性等要素。指标体系的构建要因地制宜，突出本地特色，贴合实际需要，合理配置权重。此外，预算绩效评估主体可分为政府、社会公众和第三方专业机构，在进行预算绩效评估时，可依据评估项目的不同，组织不同的主体参与绩效评估。

3. 完善预算绩效管理的工作机制

预算绩效管理从上到下都很重视，抓预算绩效管理尤其是在财政困难的背景下，俨然成为共性。但推进的力度不大，效果也不理想，一个重要原因是缺乏有效的工作机制，因此，抓预算绩效管理必须从机制着手，加强财政和部门单位之间的协调，共同推动预算绩效管理的实施。

一是落实预算绩效管理的责任。预算绩效管理是对财政资金的要求，预算绩效管理不仅仅是财政的职责，更是使用财政资金的部门和单位职责，部门和单位都是预算绩效管理的责任主体，必须调动部门和单位的积极性，这是用好财政资金、维护财经纪律的需要，必须要高标准、严要求，有责任意识。只有预算绩效管理成为部门和单位的自觉行为，预算绩效管理才能取得实效。

二是健全预算绩效管理的协调机制。政府绩效管理及评价不仅需要政府内部部门协调，还需要社会公众、组织的配合，要推动预算绩效管理工作持续良性运转，就必须构建规范化、长效化的协调机制。预算绩效激励约束机制是充分调动各部门预算管理积极性、主动性的保障，可通过多层次绩效管理考核机制，激励各部门合理合规、积极主动地开展预算绩效管理工作。

三是加强预算绩效和预算编制的融合。预算绩效是预算管理的需要，绩效不是为绩效而绩效，否则绩效就没有实施的意义和存在的目的所在，绩效的根本是为预算编制服务的，因此，预算绩效管理必须和预算融为一体。预算要有依据和标准，这是绩效管理开展的前提；绩效的结果又要为预算服务，使政府的预算更加精准，这样预算绩效管理才能发挥作用。

图书在版编目（CIP）数据

共同富裕之路：浙江常山的实践/余丽生等著. -- 北京：经济科学出版社，2023.11

ISBN 978 - 7 - 5218 - 5193 - 9

Ⅰ.①共…　Ⅱ.①余…　Ⅲ.①共同富裕 - 研究 - 常山县　Ⅳ.①F127.554

中国国家版本馆 CIP 数据核字（2023）第 184855 号

责任编辑：赵　蕾
责任校对：刘　昕
责任印制：范　艳

共同富裕之路：浙江常山的实践

余丽生　等/著

经济科学出版社出版、发行　新华书店经销

社址：北京市海淀区阜成路甲 28 号　邮编：100142

总编部电话：010 - 88191217　发行部电话：010 - 88191522

网址：www. esp. com. cn

电子邮箱：esp@ esp. com. cn

天猫网店：经济科学出版社旗舰店

网址：http://jjkxcbs. tmall. com

北京季蜂印刷有限公司印装

710×1000　16 开　16.25 印张　200000 字

2023 年 11 月第 1 版　2023 年 11 月第 1 次印刷

ISBN 978 - 7 - 5218 - 5193 - 9　定价：70.00 元

（图书出现印装问题，本社负责调换。电话：010 - 88191510）

（版权所有　侵权必究　打击盗版　举报热线：010 - 88191661

QQ：2242791300　营销中心电话：010 - 88191537

电子邮箱：dbts@ esp. com. cn）